바벨론에서 그리스도인으로 살기

어둠이 깊을수록

우리의 작은 빛은

더욱 밝게 빛난다.

Thriving in Babylon
Originally published in English under the title: *Thriving in Babylon*

David C. Cook, 4050 Lee Vance View, Colorado Springs, Colorado 80918 U.S.A.

38, Seobinggo-ro 65-gil, Yongsan-gu, Seoul, Republic of Korea

This edition published by arrangement with David C. Cook.

바벨론에서 그리스도인으로 살기

지은이 | 래리 오스본
옮긴이 | 정성묵
초판 발행 | 2015. 7. 20
16쇄 발행 | 2024. 4. 2
등록번호 | 제1988-000080호
등록된 곳 | 서울특별시 용산구 서빙고로65길 38
발행처 | 사단법인 두란노서원
영업부 | 02)2078-3333 FAX | 080-749-3705
출판부 | 02)2078-3330

책값은 뒤표지에 있습니다.
ISBN 978-89-531-2240-6 03230

독자의 의견을 기다립니다.
tpress@duranno.com www.duranno.com

두란노서원은 바울 사도가 3차 전도 여행 때 에베소에서 성령 받은 제자들을 따로 세워 하나님의 말씀으로 양육하던 장소입니다. 사도행전 19장 8-20절의 정신에 따라 첫째 목회자를 돕는 사역과 평신도를 훈련시키는 사역, 둘째 세계선교TIM와 문서선교단행본·잡지 사역, 셋째 예수문화 및 경배와 찬양 사역, 그리고 가정·상담 사역 등을 감당하고 있습니다. 1980년 12월 22일에 창립된 두란노서원은 주님 오실 때까지 이 사역들을 계속할 것입니다.

바벨론에서
그리스도인으로
살기

래리 오스본 지음

정성묵 옮김

두란노

contents

••• Part 1.

나는 그리스도인으로 오늘을 살고 있는가

••• Part 2.

전쟁놀이가 아니라 생사가 걸린 싸움이다

••• Part 3.

소망으로 무장하라,
세상에 맞설 용기를 얻을 것이다

••• Part 4.

겸손으로 무장하라,
타인의 신뢰를 얻을 것이다

• • • Part 5.

지혜로 무장하라,
전체를 보는 시각을 얻을 것이다

추천의 글

잔인할 정도로 솔직한 지적과 가슴 벅찬 희망이 한 책에 공존한다는 사실이 놀랍기 그지없다. 페이지마다 날카로운 분석과 실질적인 통찰, 복음의 소망이 뚝뚝 떨어진다. 교회의 현재 상태와 미래의 가능성이 궁금한 이들이 꼭 읽어야 할 책이다.

- J. D. 그리어, 서밋교회 담임목사, 《지저스 컨티뉴드》 저자

그리스도인들은 툭하면 적대적으로 나오는 세상 속에서 살도록 부름받았다. 이 세상에서 소망을 품고 겸손히 살며 지혜를 발휘하는 것이 우리의 소명이다. 래리 오스본은 그런 우리에게 시기적절한 격려 메시지를 던진다. 이 책은 워낙 시대를 앞서는 통찰로 가득 차 있어, 읽다가 몇 번이나 멈추고 깊이 묵상했다.

- 에드 스테처, 라이프웨이리서치 대표

이 책은 현대 기독교가 집착하는 '문화 전쟁'에 완전히 새로운 각도로 접근한다. 래리 오스본은 성경적인 통찰과 실질적인 지혜로 어떻게 해야 기독교 공동체가 악한 이 땅에서 번성할 수 있는지 알려 준다. 강력히 추천한다.

- 마이크 어, 풀러턴 제일복음주의자유교회 담임목사, 《하나님께 놀라다》 저자

'어떻게 하면 이 세상을 복음으로 물들일 수 있을까?' 수많은 교회가 오랫동안 이 질문과 씨름했지만 결국 래리 오스본이 진정한 답을 찾아냈다.

- 레이 벤틀리, 마라나타채플 담임목사

이 책은 현대 바벨론에 선한 영향을 끼치려는 모든 이를 위한 책이다. 다니엘이 사용한 전술은 단순히 케케묵은 게 아니다. 이 책에서 새롭게 조명된 그 전술은 최첨단이다.

- 크리스 돌슨, 블랙호크교회 담임목사

이 책을 읽는 자마다 복을 받을 것이다! 교회가 세상에서 설 자리를 잃었다고 얘기하는 사람들이 많지만, 우리는 래리 오스본의 목소리를 통해 희망을 보았다. 하나님은 우리가 단순히 살아남는 것을 넘어 번성하기를 바라신다.

- 다니엘 푸스코, 크로스로즈교회 담임목사

성경을 일상에 적용하는 래리 오스본의 재능이 참으로 놀랍다. 우리는 정말 현대판 바벨론에서 살고 있다. 모든 그리스도인이 반드시 읽어야 할 책이다!

- 숀 러브조이, 마운틴레이크교회 목사

하나님이 래리 오스본을 이 시대의 목사로 삼으실 만도 하다. 복잡해서 쉽게 오해하는 개념을 이 왜곡되고 타락한 세대에 실제로 적용할 수 있도록 풀이하는 능력이 대단하다.

- 조비 마틴, 일레븐22교회 목사

성경의 진리에서 급속도로 멀어져 가는 세상 속에서 신자들은 우왕좌왕하기 쉽다. 그 와중에 우리가 흔히 보이는 행동은 도망치고 숨거나 공격하는 것이다. 하지만 둘 다 비효율적이다. 래리 오스본은 이 책으로 더 좋은 길을 보여 준다. 그는 사람들이 다 안다고 생각하는 다니엘 이야기를 파헤쳐 영적으로 악독한 문화 속에서 잘 살 수 있게 해 준 고대 원칙들을 캐낸다. 이 책은 교회 개척자들은 물론이고 아직 복음의 진면목을 보지 못한 세상 앞에서 복음으로 살려는 모든 이의 필독서다.

- 스티브 파이크, 목사, 교회 개척 사역자

래리 오스본은 불경건한 문화의 어둠에 둘러싸인 자들을 위해 등불을 밝힌다. 다들 좋은 시절은 다 갔다고 개탄만 하는 와중에 그는 빛이 절실히 필요한 세상 속으로 들어가 당당히 빛으로 살아가는 법을 보여 준다. 포스트모던 세계에서 수많은 그리스도인이 자포자기하는 심정으로 주저앉아 있지만, 그는 다니엘을 안내자로서 재발견하고 함께 가자며 우리에게 손짓하고 있다. 지옥문을 향해 돌진하여 다시 불을 밝힐 때다.

- 스테이시 스펜서, 뉴디렉션크리스천교회 목사

세상은 무시무시한 속도로 급변하고 있다. 불과 15년 전만 해도 현재와 실로 엄청나게 다르다. 우리 그리스도인들은 이 어마어마한 변화, 특히 만사가 우리 뜻대로 풀리지 않는 것만 같은 시대에 이 변화를 어떻게 다뤄야 할까? 이 책은 이 질문과 씨름하는 모든 이에게 방향을 알려 준다.

- 그렉 서래트, 시코스트교회 설립목사

기독교 제자도에서 매우 힘든 측면 중 하나는 세상 속에서 어떻게 그리스도의 복음에 충실하게 사느냐는 것이다. 우리는 근본주의와 혼합주의라는 양극단으로 흐를 때가 너무도 많다. 래리 오스본은 이 책으로 주변 세상에 영향을 끼치면서도 신앙을 지키는 법을 알려 준다. 이 중요한 측면에서 올바른 제자를 키우고자 애쓰는 모든 이에게 이 책을 강력히 추천한다.

- 하비 터너, 리빙스톤스교회 설교 및 비전 담당목사

지금은 더 이상 기독교의 황금기가 아니다. 당신은 어떤지 몰라도 래리 오스본은 이 점을 정확히 알고 있다. 그래서 그는 다니엘서를 부지런히 연구한 끝에 이 혼탁한 세상에서 똑바로 살 수 있는 법을 찾아냈다. 그가 특유의 재치와 지혜로 쓴 이 책에 그 답이 있다. 이 책을 읽으라. 용기를 얻고 도전을 받으리라.

- 토드 와그너, 워터마크교회 목사

윌리엄과 케이티, 엠마에게 이 책을 바친다.

너희는 바벨론에서 자라고 있다.

다니엘처럼 소망과 겸손과 지혜로 살아가길 바란다.

...

너희는 내가 사로잡혀 가게 한 그 성읍의 평안을 구하고

그를 위하여 여호와께 기도하라

이는 그 성읍이 평안함으로 너희도 평안할 것임이라

예레미야 29장 7절

Part 1.

나는 그리스도인으로 오늘을 살고 있는가

Thriving in Babylon

1

계속해서 시대를 탓하기만 할 것인가

■

그는 구약에서 아주 유명한 인물이다. 사람들은 다들 그의 이야기를 잘 안다고 생각한다. 하지만 사실 제대로 아는 사람은 그리 많지 않다. 그의 이름은 다니엘. '다니엘'이라고 하면 맹렬한 풀무불과 사자 굴에서의 무시무시한 밤을 떠올리는 사람이 많을 것이다. 그런가 하면 자세한 설명과 그림을 곁들인 예언 도표를 떠올리는 사람도 있을 것이다. 하지만 기적도 예언도 그의 이름을 딴 책의 중심 주제는 아니다. 물론 기적과 예언도 중요한 부분이지만, 그것에만 초점을 맞추면 정작 가장 중요한 부분을 놓치고 만다.

: 단지 모험 스토리가 아니다

어릴 적에는 늘 다니엘서가 모험 이야기라고 생각했다. 하나님을 믿고 옳은 일을 하면 하나님이 위험과 핍박에서 구해 주신다는 게 다니엘서의 요점이라고 이해했다. 믿음만 있으면 불도 나를 해치지 못하고 사자도 나를 잡아먹지 못할 거라고 믿었다.

하지만 이것이 다니엘서의 요점이라면 아무래도 하나님이 해명하셔야 할 듯하다. 다니엘과 친구들이 풀무불과 굶주린 사자 굴에서 살아난 건 일반적인 경우가 아니라 예외적인 것이니까 말이다. 우리가 아무리 경건하게 살아도 풀무불과 사자 굴에서 살아남을 확률은 희박하다. 내가 알기로 풀무불과 사자 굴에서 상처 없이 걸어 나온 사람은 다니엘과 친구들밖에 없다. 다른 사람은 모두 끔찍하고 고통스러운 죽음을 맞았다.

그래서 다니엘서를 모험 이야기로 해석하는 것은 아주 큰 실수다. 그렇게 하면 다니엘서의 요점이 흐려질 뿐 아니라 완전히 잘못된 생각에 빠질 위험이 있다. 과연 우리가 신앙생활을 잘하면 하나님이 나쁜 일을 절대 허락하지 않으실까? 하나님이 우리를 풀무불과 사자 굴에서도 구해 주실까?

그렇지 않다. 오히려 정반대다. 하나님의 최정예 군사들 대다수가 최악의 고통을 당했다. 아담과 하와가 타락한 뒤로 세상에는 악과 불의가 판치고 있다. 나쁜 일은 악인과 선인을 가리지 않는다. 성경은 이런 현실을 증명하기라도 하듯 처음부터 소름 끼치는 악행을 기록한다. 아담과 하와가 타락하고 얼마 지나지 않아 형이 하나님을 더 잘 예배하는 동생을 시기한 나머지 결국 죽이고 만 것이다(창 4장 참조).

이 외에도 성경은 비슷한 이야기로 가득 차 있다. 하지만 내가 다닌 교회학교의 선생님들은 이런 이야기를 공과공부에서 빼 버렸다. 이런 안타까운 사연의 주인공들이 융판에 붙는 경우는 없었다. 혹시 우리가 진실을 알고 나면 교회에 발길을 끊을까 걱정한 건 아닐까?

이런 면에서 히브리서 기자가 존경스럽다. 그는 진실을 숨기거나 미화하지 않고 현실을 있는 그대로 이야기한다. 처음에는 빛나는 승리를 거둔 믿음의 사람들이 쭉 나오다가 갑자기 분위기가 싹 바뀌어 또 다른 영웅들이 무대에 등장한다. 고문과 조소, 채찍질, 족쇄, 투옥을 견뎌 내야 했던 사람들. 돌에 맞고, 사지를 절단당하고, 검에 찔려 죽은 사람들. 지독한 가난 속에 살았던 사람들. 박해와 학대를 받고, 도망 다니며, 동굴이나 땅속에 구멍을 파고 살았던 사람들.

히브리서 기자는 이들도 역시 위대한 믿음의 사람이라고 말한다. 하나님이 그들을 시련과 핍박에서 구원하지 않으신 이유는 어디까지나 주권적인 계획에 따른 것이었다. 그들이 영적 패자이기 때문이 아니라 하나님께 다른 계획이 있었을 뿐이다(히 11: 36-40 참조). 하나님은 그들을 시련에서 구해 주시기보다는 시련 속에서 그들과 '함께' 계시는 편을 택하셨다. 따라서 우리에게 똑같은 일이 일어나도 혼란스러워할 이유가 전혀 없다.

예수님은 그리스도인들이 억울한 일과 핍박을 당할 것이라고 말씀하셨다. 예수님 자신도 그런 일을 당하셨고 사도들도 하나같이 고통을 겪었다. 사실, 극심한 시련은 그리스도인들의 삶에서 뗄 수 없는 부분이다. 그래서 사도 베드로는 우리에게 고난이 닥쳐와도 이상하게 생각하지 말라고 말했다. 우리에게 고난은 이상한 일도, 특별한 일도 아니다(벧전 4:12-19 참조).

그렇다고 하나님이 우리를 구해 주시지 않거나 구해 주실 수 없다는 뜻은 전혀 아니다. 하나님은 분명 우리를 구할 능력도 있으시고, 실제로 우리를 구해 주신다. 다만 우리의 '완전한' 구원은 대개 이 땅에서가 아닌 예수님이 다시 오시는 세상 끝날 이루어지기 때문에 다니엘서를 모험 이야기로 해석하는 것은 철저한 오판이다. 다니엘서의 초점은 우리를 풀무불과 사자 굴에서 구해 주시는 하나님의 능력이 아니다.

: 단지 예언서가 아니다

다니엘은 모험가로만 알려진 게 아니다. 예언으로도 널리 알려져 있다. 오래전, 다니엘이 예수님의 예루살렘 입성 날짜를 '정확히' 예언했다는 사실을 자세히 풀이한 도표를 본 적이 있다. 이 도표는 다니엘의 예언이 예수님의 재림 직전에 일어날 사건 순서까지 정확히 담고 있다고 주장했다.

다니엘은 기이한 환상과 꿈을 자주 경험했다. 물론 개중에는 큰 의미 없는 꿈도 있었겠지만, 하나님이 주신 꿈과 환상도 많았다. 그리고 하나님이 주신 꿈과 환상은 놀랄 정도로 정확히 맞아떨어졌다. 메시아의 오심에 관한 다니엘의 환상과 예언을 자세히 살펴보면 세세한 부분까지 완벽히 이루어졌다는 사실에 놀라움을 금할 수 없다. 그것을 읽고 성경을 더욱 신뢰하게 되는 사람이 많다. 이것은 좋은 현상이다.

그런데 아직 이루어지지 않은 예언에 대한 관심은 역효과를 일으키기도 한다. 그것은 예수님의 재림에 관한 다니엘의 꿈과 환상이 다소 이해하기 어렵기 때문이다. 아직은 이루어지지 않은 미래에 관한 예언이라서 그것이 무엇을 의미하며 언제 이루어질지 정확히 알 수는 없다. 목사인 나는 다니엘의 환상과 종말에 관한 성경의 다른 예언들이 서로 어떻게 맞아떨어지는지 설명해 달라는 부탁을 자주 받는다. 사람들은 각 상징이 무엇을 의미하고 모든 예언이 어떤 식으로 이루어지는지 구체적으로 알고 싶어 한다. 사람들은 정확한 이름과 장소, 날짜를 원한다. 물론 내가 추정할 수는 있다. 내 이전 목회자들도 그렇게 했고, 요즘 목회자들도 그렇게 하고 있다. 하지만 추정이 꺼려지는 이유가 있다. 그것은 목회자들이 자신 있게 내놓았던 이론들이 하나같이 틀렸기 때문이다. 틀려도 너무 틀렸다.

알지 모르겠지만 예언에 관한 책은 인기가 별로 없다. 그것은 지난 2천 년 동안 뛰어난 성경학자들이 당시로서는 정말 그럴듯해 보이는 이론을 수없이 내놓았지만 지금 와서 보면 헛웃음밖에 나오질 않기 때문이다. 수 세기 전에 나온 이론도 있고 심지어 천 년 이상 된 이론도 있다. 최근의 이론도 있다. 이처럼 나온 시기는 천차만별이지만, 공통점이 하나 있다. 당대 최고의 학자들이 심혈을 기울여 내놓은 '사실들'이 시간이 지나면서 하나같이 '빗나간 추측'으로 판명 났다는 것이다.

이것이 내가 종말에 관한 예측을 그만둔 이유다. 나도 잘 이해하지 못하는 것을 더는 설명하려고 애쓰고 싶지 않다. 예수님이 다시 오신다는 사실 자체는 확실하다. 하지만 정확히 언제 어떻게 오실지는 알 수가 없다. 그래서 예수님의 재림에 관해 추측하는 일은 그만두고 그냥 그분이 오시면 맞이할 준비나 열심히 할 생각이다. 그것이 내 주제에도 맞다.

단, 오해하지는 않았으면 좋겠다. 다니엘의 예언을 연구하거나 고민할 필요가 없다는 뜻은 아니다. 미래에 관해 말하는 다른 성경 구절도 마찬가지다. 예언도 엄연한 성경 말씀이다. 예언까지 포함해서 하나님의 모든 말씀은 깊이 연구하고 묵상할 가치가 있다. 단지 예언에 관해 예측할 때는 신중에 신중을 기해야 한다는 말이다. 특히, '애매한' 것을 해독하려고 애쓰다가 '분명한' 것을 놓치는 우를 범해서는 안 된다.

: 악한 세상에서 그리스도인으로 산다는 것

다니엘서에서 우리가 절대 놓치지 말아야 하는 핵심은 지독히 불경건한 문화 한복판에서 다니엘이 어떤 삶의 본을 보여 주었느냐 하는 것이다. 그것은 특히 오늘을 사는 우리에게 꼭 필요한 교훈이다.

지금 우리는 망가질 대로 망가진 세상 속에서 살고 있다. 이 시대의 도덕은 걷잡을 수 없는 속도로 무너져 내리고 있다. 예전에는 창피해서 쉬쉬하던 일을 요즘은 자랑스럽게 떠벌리고 다닌다. 예전에는 상상도 할 수 없던 일이 요즘은 흔한 일이 돼 버렸다. 그리스도인들에 대한 세간의 태도는 불과 몇십 년 만에 존경에서 비웃음과 무시를 거쳐 지독한 반감으로 변했다. 참으로 혼란스럽고 두려운 상황이다.

다행히 다니엘이 교훈과 책망과 바르게 함과 의로 교육하기에 유익한 책을 들고 우리의 혼란과 두려움 속으로 들어왔다(딤후 3:16-17 참조). 우리는 성경에 기록된 그의 이야기를 통해 어떻게 하면 경건하지 않은 세상 한복판에서 단순한 생존(surviving)을 넘어 정말로 번성(thriving)할 수 있을지 그 방향을 찾을 수 있다.

다니엘은 지금보다도 훨씬 더 악한 문화 속에서 정직하고 능력 있는 삶으로 하나님을 영화롭게 했다. 그로 인해 천민에서 왕까지 온 국가가 살아 계신 하나님을 인정하게 되었다.

다니엘은 어떻게 그렇게 할 수 있었을까?

: 다니엘의 세 품성에 주목하다

무엇보다 하나님이 주권적인 손을 다니엘의 삶에 얹고 계셨다. 그리고 다니엘도 다니엘대로 남다른 믿음이 있었다. 하지만 이것이 다가 아니다. 뭔가가 더 있었다. 다니엘은 요즘 점점 더 보기 힘든 세 가지 품성을 지니고 있었다.

다니엘은 위대한 '소망'과 '겸손'과 '지혜'의 사람이었다. 이 세 가지 품성이 다니엘을 여느 사람과 확실히 구별하는 요인이었다. 이 품성은 세상에 맞설 용기와 다른 사람으로부터의 신뢰, 전체를 볼 줄 아는 시각을 낳았다. 하나님이 이 품성을 주신 덕분에 다니엘은 바벨론의 권력자들에게 존경받고 높은 자리까지 올라갈 수 있었다. 하지만 안타깝게도 그의 이야기에서 이 세 가지 강력한 품성은 별로 주목받지 못한다. 나는 바로 이 점을 바로잡고 싶다. 이제 이 세 가지 품성을 하나씩 깊이 들여다볼 것이다. 소망과 겸손과 지혜가 어디서 나오고 어떻게 개발될 수 있는지, 그리고 이 품성이 주변의 악을 대하는 다니엘의 태도에 어떤 영향을 끼쳤는지 살펴보자.

마음을 단단히 먹으라. 다니엘처럼 살면 십중팔구 미쳤다는 소리를 듣거나 사이비 종교인으로 취급받기 십상이다. 오늘날에는 다니엘처럼 악한 리더와 악한 동료, 죄로 뒤덮인 문화를 반직관적으로 다루는 사람은 좀처럼 찾아볼 수 없다. 여러 면에서 다니엘의 태도는 우리가 영적 리더들과 독실한 신앙인들에게 기대하는 모습과 정반대였다. 혹시 바로 이 점이 우리가 소위 문화 전쟁에서 세상에 밀리는 이유가 아닐까?

다니엘의 이야기와 죄악이 가득한 문화 속에서 그가 번성하고 하나님을 영화롭게 한 비결을 파헤치기에 앞서, 그가 도대체 얼마나 지저분한 시궁창에서 살았는지 좀 더 자세히 들여다보자. 정말 구역질이 날 정도다. 하나님이 이스라엘과 예루살렘을 심판하셨을 때 그 심판의 여파에 함께 휩쓸려 간 무고한 시민. 하지만 그가 당한 억울한 일들은 하나도 우연이 아니었다. 그 모든 일은 그와 이스라엘 국가 전체, 나아가 오늘 우리를 위한 하나님의 원대한 계획에서 아주 중요한 부분이었다. 무슨 말인지 이제부터 설명해 보겠다.

2

이보다 더

악한 세상일 수는 없다?

■

쉬는 시간은 내 초등학교 생활의 꽃이었다. 내게 숙제와 수업과 시험은 다 술래잡기나 피구와 축구 같은 놀이를 즐기기 위해 치러야 하는 대가에 불과했다.

어느 해, 반별 야구 시합이 열렸고 우리 반이 결승에 올라갔다. 이것은 쉬는 시간이 아니라, 당당히 정규 수업 시간에 열리는 큰 행사였다. 수업을 빼먹는 것만으로도 엄청난 일이었다. 그뿐만 아니라 우승팀은 전교 챔피언에 등극하게 되었다. 나는 우리 반의 투수였다. 이것은 일생일대의 기회였다. 적어도 당시에는 그렇게 생각했다.

: 죄의 여파에 휩쓸리다

결승 시합이 열리던 날, 교실 안이 술렁거렸다. 급기야 선생님은 조용히 하지 않으면 시합을 못하게 하겠다고 엄포를 놓았다. 그 말에 우리는 모두 입을 다물었다. 괜한 모험을 할 이유는 없었다. 게다가 아이즈먼 선생님은 한번 한다고 하면 하는 사람이었다. 우리는 모두 순식간에 모범생으로 돌변했다.

하지만 어딜 가나 사태 파악을 못하는 사람들이 있기 마련이다. 우리 반에도 천하의 말썽꾸러기 둘이 있었다. 결국 마빈과 스티븐이 다된 밥에 재를 뿌리고 말았다. 스티븐이 마빈에게 몰래 다가가 짓궂은 장난을 치자 마빈이 고함을 지르며 마구 주먹을 휘두른 것이다.

결국 선생님은 반 전체를 향해 한바탕 소리를 지른 뒤 마빈과 스티븐을 교장실로 끌고 갔다. 그리고 돌아와서 오후 내내 자습을 하라고 청천벽력과도 같은 통보를 했다. 기대했던 시합은 그렇게 영원히 날아갔다. 우리는 전교 챔피언이 될 기회를 잃었다. 두 녀석이 말썽을 피운 여파에 수많은 착한 아이들이 휩쓸렸다. 물론 지금은 다 털어 버렸다. 아니, 솔직히 다는 아니고 거의. 여하튼 그날 나는 귀중한 교훈을 하나 얻었다. 때로 무고한 사람들도 죄인들과 함께 고통당한다는 것이다. 무고한 사람들도 여파에 휩쓸릴 수 있다.

물론 인생 전체로 보면 우리의 작은 야구 시합은 별 게 아니다. 하지만 타인의 어리석거나 악한 행위가 우리의 건강이나 가정, 경력, 평생의 꿈을 망친다면 얘기가 달라진다. 그럴 때는 그냥 털어 버리기가 결코 쉽지 않다. 하지만 다니엘은 그렇게 해야만 했다. 그는 자신과 상관없는 죄 때문에 찾아온 심판의 여파에 휩쓸렸다. 그의 힘으로는 피할 수 없는 상황이었다.

하나님은 예루살렘의 지도자들과 백성에게 속히 회개하고 돌아오지 않으면 대가를 치르게 될 것이라고 수차례 경고하셨다. 하지만 그들은 들은 체 만 체하며 여전히 지독한 교만으로 불순종했다. 하나님은 결국 예루살렘을 악한 바벨론 이교도들의 손에 넘기셨다. 바벨론 군대는 예루살렘을 쑥대밭으로 만들고 성전을 약탈했으며, 예루살렘 최고의 인재들을 포로로 끌고 갔다. 다니엘과 신실한 세 친구도 그때 바벨론으로 끌려갔다.

그러나 오해해서는 곤란하다. 하나님은 아이즈먼 선생님처럼 이성을 잃지 않으셨다. 하나님은 화를 다스리지 못하는 분이 아니다. 그분은 언제나 완벽한 때와 범위 안에서 징계하시고 심판하신다. 불필요하게 도를 지나치는 법이 결코 없다. 그리고 가혹한 심판조차도 어디까지나 자녀의 유익을 위한 조치일 뿐이다. 모든 심판에는 우리를 하나님의 거룩하심에 참여하게 하시려는 목적이 담겨 있다(히 12:9-11 참조).

예루살렘 백성이 벌을 받는 것은 마땅하다. 그들을 하나님께 돌아오게 하려면 채찍은 불가피한 일이었다. 문제는 애꿎은 다니엘과 세 친구까지 심판의 여파에 휩쓸렸다는 것이다. 그들은 다른 청년 인재들과 함께 느부갓네살이라는 악하고 교만한 왕을 섬기라고 바벨론으로 끌려갔다. 하지만 다니엘은 조금도 불평하지 않았다. 신세 한탄과 절망은 그의 사전에 없었다. 다니엘은 중요한 원칙을 알고 있었다. 그것은 사악한 자들이 득세하는 순간에도 여전히 하나님이 다스리신다는 것이다. 다니엘은 자신의 이야기를 시작하면서 가장 먼저 이 원칙부터 소개했다.

: '하나님의 통치'라는 렌즈로 보다

다니엘은 바벨론이 예루살렘을 이겼다고 해서 악이 선을 이긴 건 아니라는 점을 지적하면서 이야기를 시작했다. 그 일은 어디까지나 하나님의 뜻이었다. 하나님이 역사하신 것이었다. 다니엘서는 이 점을 꼭 집어 말했다.

> 바벨론 왕 느부갓네살이 예루살렘에 이르러 성을 에워쌌더니 주께서 유다 왕 여호야김과 하나님의 전 그릇 얼마를 그의 손에 넘기시매 그가 그것을 가지고 시날 땅 자기 신들의 신전에 가져다가 그 신들의 보

물 창고에 두었더라(단 1:1-2).

다니엘의 시각으로 볼 때 바벨론에게 승리를 주신 분은 하나님이셨다. 성전의 성물을 느부갓네살에게 넘기신 분도 하나님이셨다. 그 성물을 이방 신의 보물 창고로 옮기도록 허락하신 분도 하나님이셨다. 느부갓네살이 이스라엘의 하나님을 열등한 신이요 패배한 신이라 조롱하고 무시했지만, 이것을 허락하신 분도 하나님이셨다.

이 점을 놓쳐서는 안 된다. 첫 장부터 마지막 장까지 다니엘은 '모든' 사건 속에서 하나님의 손길을 봤다. 그리고 바로 이런 시각에서 그의 소망과 겸손과 지혜가 나왔다.

다니엘이 하나님의 주권을 전적으로 믿었다는 사실을 배제하고 보면 주변 악에 대한 그의 반응은 완전히 미친 짓이었다. 다니엘은 자신과 국가에 닥친 모든 일을 '하나님의 통치'라는 렌즈로 바라봤다. 바로 이 사실이 그가 본격적으로 자기 이야기를 하기에 앞서 독자들에게 가장 먼저 알려 주길 원했던 점이다.

하나님이 사람들과 나라들을 궁극적으로 통치하신다고 해서 우리가 한낱 끈에 매달린 꼭두각시라는 뜻은 아니다(다니엘서도 전혀 그런 분위기를 풍기지 않는다). 우리는 미리 각본이 짜인 영화 속에서 단역을 맡은, 영혼 없는 로봇이 아니다. 우리에게는 자유가 있다. 그것도 아주 많이.

우리는 하나님의 뜻 안에서 살기로 선택할 수도 있고, 그분의 뜻을 벗어나 살기로 선택할 수도 있다. 그리고 우리의 선택은 매우 중요하다. 우리 선택에 따라 실제 결과가 달라지기 때문이다. 그래서 우리 행동의 책임은 전적으로 우리 자신에게 있다. 하나님을 비롯해서 그 누구도 탓할 수 없다(약 1:13-15 참조).

하나님의 주권적 통치란 궁극적인 차원에서 우연이 없다는 뜻이다. 하나님의 계획은 결코 무산되지 않는다. 하나님을 놀라게 하거나 어리둥절하게 할 수 있는 일은 세상 어디에도 없다. 결국 모든 것이 합력하여 하나님의 백성에게 이롭고 그분께 영광이 되는 쪽으로 결말이 난다. 악한 자들이 이기는 것처럼 보이는 상황 속에서도 여전히 하나님이 다스리신다. 결국 하나님 나라가 임하고 그분의 뜻이 이루어진다.

다니엘은 매사에 사람들과 나라들을 통치하시는 하나님의 주권을 생각했다. 그 어떤 일이 일어나도 그는 하나님이 바벨론보다 훨씬 크시다는 사실을 잊지 않았다.

자, 이제 자신에게 물어보자. 나의 하나님은 얼마나 크신가? 솔직히 말해 보자. 우리는 우리 하나님이 우리의 바벨론보다 작을까 봐 두려워할 때가 얼마나 많은가. 대놓고 말하지 않더라도, 우리의 감정과 행동으로 그렇게 말할 때가 너무도 많다. 이것이 다니엘의 이야기가 오늘을 사는 우리에게 그토록 중요한 이유다. 우리가 사는 현대판 바벨론에 영향을 미치려면 진짜 바벨론에 영향을 미쳤던 인물에게 배워야만 한다. 무엇보다도 우리가 여파에 휩쓸릴 때 잊기 쉬운 사실을 다시금 기억하는 일이 가장 시급하다. 그것은 바로 지금 이 세상을 지배하는 사람이 누구든지 결국은 하나님이 다스리신다는 사실이다. 예전에도 그랬고 지금도 그러하며 앞으로도 계속 그럴 것이다.

3

경건하게
살기 편한 날은
단 하루도 없었다

■

지금이 가장 악한 시대라고 생각하는가? 하지만 당신만 그렇게 생각하는 게 아니다. 자고로 사람들이 그렇게 생각하지 않은 시대는 없었다. 어느 시대나 사람들은 지난날을 돌아보며 '좋았던 그때 그 시절'을 그리워한다. 그것이 인간의 본성이다. 과거의 악은 기억 저편으로 사라졌지만 현재의 불의와 악은 그 어느 때보다도 지독해 보인다. 솔로몬은 이 점을 잘 알았다. "옛날이 오늘보다 나은 것이 어찌이냐 하지 말라 이렇게 묻는 것은 지혜가 아니니라"(전 7:10).

: '좋았던 옛날'을 추억만 하고 있는가

나와 친한 한 목사는 정치인과 언론, 젊은이들의 도덕이 무너졌다며 자주 한숨을 내쉰다. 그의 말을 들어 보면 우리 시대가 유난히 더 악한 것 같다. 하지만 오래전에 세상을 떠난 영적 지도자들이 그 시대 문화를 비판한 글을 읽다 보면 이 목사의 말과 너무도 똑같아 깜짝 놀랄 때가 한두 번이 아니다. 자신이 의롭고 순결한 세상에서 살고 있다고 말한 사람은 단 한 명도 없었다. 자신들이 살았던 악한 시대가 지금은 '좋았던 옛날'로 취급받고 있다는 사실을 알면 그들이 얼마나 황당해할까?

우리는 먼 과거만 아름답게 보는 게 아니다. 아주 가까운 과거도 그렇게 본다. 드라마 〈비버는 해결사〉(Leave It to Beaver)를 방영하던 1950년대를 가족의 가치와 미국 기독교 문화의 황금기로 보는 사람이 많다. 물론 백인 중산층 계급의 입장에서는 당시만큼 좋은 시절도 드물었다. 그러나 인종차별이 마지막으로 발악하던 그 시대에 흑인 가족들의 삶은 결코 편안하지 않았다.

그래서 이제 제법 머리가 희끗해진 베이비붐 세대가 이 나라의 도덕과 정치의 혼란을 개탄하는 소리를 들을 때마다 나도 모르게 실소가 나온다. 물론 이 시대가 혼란스러운 것은 사실이다. 하지만 자신들의 젊은 시절이 얼마나 폭력적이고 퇴폐적이었는지 벌써 다 잊었단 말인가.

당시 정치인들과 대통령들은 오늘날의 래퍼들만큼이나 자주 암살당했다. 온 국민이 반대하는 전쟁으로 5만 8천 명의 목숨이 사라졌다. 용감하게 국가를 섬겼던 자들은 고국으로 돌아와 오히려 멸시를 당했다. 난잡한 성생활과 환각제를 시대를 앞서 나가는 사람들의 전유물이라 여겼다. 인종 폭동으로 대도시들이 불타올랐고, 경찰들은 경멸하는 의미를 담아 "돼지"로 불렸다. 서른 살이 넘은 사람 중에는 믿을 이가 전혀 없다는 것이 당시의 불문율이었다. 그때도 사람들은 공식 석상에서 야하게 입는 것을 자랑스러워했다.

: 지금 시대만 힘든 게 아니었다

경건하게 살기 편한 날은 단 하루도 없었다. 오늘날 우리를 향한 세상의 압박과 도전이 거세지만, 이것은 전혀 새로운 현상이 아니다. 내가 알기로 1세기에는 상황이 더 열악했다. 지금도 이란과 사우디아라비아, 중국 같은 곳에서는 그리스도인으로 살기가 이만저만 위험한 게 아니다.

물론 미국에서도 성경대로 사는 사람들은 무지하거나 편협한 고집불통으로 취급받는다. 성경의 가치를 내세우다가 차별당하는 경우가 점점 늘어나고 있다. 하지만 인정할 것은 인정하자. 아직은 이 나라에서 신앙생활 하는 것이 세상 그 어떤 곳에서보다 쉽다. 따라서 우리에게 우는 소리는 어울리지 않는다. 여기서는 기도하는 것이 불법이 아니다. 얼마든지 성경책을 소유할 수도 있다. 예수님의 이름을 말해도 감옥에 갇히거나 죽임을 당하지 않는다. 세상의 우상에게 절하지 않는다고 일자리를 잃는 경우도 없다. 친구를 좀 잃을지는 몰라도 맹렬한 풀무불 속에 던져질 일은 절대 없다.

다시 말하지만, 이것이 다니엘 이야기가 그토록 중요한 이유다. 다니엘 이야기는 우리에게 삶의 본보기를 제공할 뿐 아니라 우리의 시각을 바로잡아 준다. 악에 관해서는 바벨론을 따라갈 나라가 없다.

: 악의 종결자, 바벨론

성경은 예수님이 재림하신 직후에 강력한 천사가 하늘에서 내려와 울부짖을 것이라고 말한다. “무너졌도다 무너졌도다 큰 성 바벨론이여”(계 18:2).

이상하지 않은가? 역사 속의 바벨론은 사라진 지 오래고, 성경의 예언에 따르면 영원히 재건되지 않을 것이다. 그렇다면 성경은 이미 오래전에 사라진 왕국을 왜 다시 언급한 것일까? 답은 간단하다. 바벨론은 악의 화신이다. 천사들에게는 인류 역사가 끝나는 날까지도 바벨론이 영원한 악의 상징으로 남을 것이다. 그 무엇도 바벨론만큼 타락하지는 못할 것이다. 알카에다도, 멕시코의 마약왕들도, 바벨탑도, 소돔도, 고모라도. 심지어 독일 나치조차도.

바벨론은 어떤 점에서 그토록 악했는가? 얼마나 악했기에 성경에서 모든 악의 상징으로 사용되었을까?

악독한 왕

먼저, 바벨론의 왕은 '느부갓네살'이라는 이름의 악독한 통치자였다. 그는 자존심과 허영심이 병적으로 강했고, 성미가 급하고 살인을 즐기며 비이성적이고 지독히 잔혹하기로 유명한 왕이었다(단 2:5-12; 3:1-6, 13-15; 4:27-32 참조).

느부갓네살은 예루살렘을 정복한 뒤에 하나님의 전에서 수많은 성물을 바벨론으로 가져와 므로닥이라는 사악한 신의 신전에 두었다. 이것은 이스라엘의 하나님을 공개적으로 조롱하는 행위였다(단 1:2 참조). 또 그는 자신의 권세와 명예를 만천하에 자랑하려고 25미터가 넘는 황금상을 세우고는 모두 그 앞에 엎드려 절하라고 명령했다. 누구든지 그 명령을 어기는 자는 그 즉시 목이 날아갔다(단 3:1-15 참조).

한번은 그가 사나운 꿈을 꾸고 나서 식자들과 마술사들에게 해몽하라고 명령했다. 하지만 비이성적이고 잔인한 왕답게 꿈의 내용은 말해 주지 않고 스스로 알아내게 했다. 결국 아무도 꿈의 내용조차 알아내지 못하자 그들을 모두 처형하라고 명령했다. 다행히 처형이 집행되기 전에 하나님이 다니엘에게 꿈의 내용과 의미를 모두 알려 주셨다. 그렇지 않았다면 느부갓네살은 황당한 요구를 들어주지 않았다는 이유로 다니엘을 포함해서 그들을 모두 잔혹하게 학살했을 것이다.

불경건한 종교와 교육 제도

바벨론은 악한 영향력으로도 유명했다. 국가가 후원하는 종교는 사악했고, 고등교육 과목 중에 점성술과 요술, 마술, 주문이 주요 과목으로 포함되어 있었다. 다니엘과 세 친구는 왕을 섬기기 위해 3년간의 힘든 교육 과정을 밟아야 했다. 특히 갈대아의 언어와 문학을 익혀야 했다. 어두운 사교(the occult) 행위의 전문가가 되려면 이것이 필수 과정이었다.

지금 나는 열매와 견과류의 땅으로 불리는 캘리포니아 주에 살고 있다. 그런데 캘리포니아 주 의회는 몇 가지 이상한 법을 통과시켰다. 그래서 이상한 과목들이 학교 교육 과정에 도입되었다. 하지만 장담컨대 최악의 반에서 최악의 선생에게 배운다 해도 우리 아이들이 다니엘만큼 불경건하고 사악한 과목에 노출될 일은 절대 없다. 절대. 우리 주에서 최악의 교육이라고 해도 다니엘의 교실에 그득했던 악에는 발꿈치도 따라가지 못한다. 우리 아이들은 좋은 직장에 들어가기 위해 사교 학위를 딸 필요가 전혀 없다.

영적으로 적대적인 환경

설상가상으로 바벨론은 다니엘과 세 친구가 소중히 여겼던 영적 가치에 매우 적대적이었다. 다니엘과 세 친구가 당했던 첫 번째 일은 개명이었다. '다니엘'은 '하나님은 내 심판관이시다'라는 뜻이다. 그런데 바벨론의 정복자들은 그 이름을 '벨의 왕'을 뜻하는 벨드사살로 마음대로 바꿔 버렸다. '벨'은 사악한 신 므로닥의 칭호였다. 바벨론 사람들은 우리가 하나님을 '주'(Lord)로 부르는 것처럼 므로닥을 '벨'이라고 불렀다. 따라서 다니엘이란 이름이 벨드사살로 바뀐 것은 우리 이름이 그리스도인에서 사탄의 왕으로 바뀐 것과 비슷하다.

세 친구에게도 똑같은 일이 일어났다. 그들의 이름도 고향이나 하나님의 흔적이 남지 않도록 완전히 바뀌었다. 이것이 포로들에게 새로운 정체성과 새로운 신앙을 주입하는 바벨론의 방식이었다(단 1:6-7 참조).

다니엘과 세 친구 앞에 차려진 음식으로도 그들의 신앙을 공격했다. 그들은 학자와 마술사로 훈련받는 동안 왕의 식탁에 놓였던 음식을 먹어야 했다. 그런데 그 식탁에는 모세의 법에서 철저히 금한 음식이 가득했다. 다니엘과 세 친구는 이 모든 음식을 먹어야만 했다. 포로였던 그들은 다른 음식을 구할 수도 없었다. 다니엘과 세 친구는 하나님의 법을 어기거나 굶어 죽는 것 중 하나를 택해야 하는 절체절명의 상황에 처했다.

다니엘은 정복자들에게 욕을 퍼붓는 대신 현명한 해결책을 내놓았다. 그는 책임자에게 시험 삼아 열흘만 채소와 물을 먹게 해 달라고 부탁했다. 그 다음에는 하나님이 개입하셨다. 그 결과, 열흘 뒤 다니엘과 세 친구의 얼굴은 다른 누구보다도 생기 있고 윤기가 흘렀다. 이에 책임자는 그들에게 남은 훈련 기간 내내 왕의 음식을 먹지 않아도 좋다고 허락했다.

하지만 작은 승리 하나로 모든 것이 끝났다고 생각하면 오산이다. 다니엘의 가치와 전통, 하나님의 법에 대한 문화적 · 영적 공격은 이루 말할 수 없이 거세고 광범위했다. 도무지 빠져나갈 구멍이 없었다. 음식 전쟁에서는 이겼지만 개명과 교육에서는 졌다. 그리고 무엇보다도 악한 왕을 꼼짝없이 섬겨야 했다.

하지만 이것은 어디까지나 시련의 시작에 불과했다. 다니엘은 우리 교회학교 선생님들이 하나같이 말해 주지 않은 뭔가를 다뤄야 했다.

교회학교 선생님들이 말해 주지 않은 사실

다니엘과 세 친구는 거세당하는 굴욕까지 겪어야 했다. 모두 환관이 되어야 했다는 말이다. 물론 다니엘은 이 사실을 대놓고 말하지는 않았지만 억지로 숨기려고도 하지 않았다. 그래서 고대 역사와 유대 문화를 알고 보면 다니엘과 세 친구가 환관이었다는 사실을 충분히 짐작할 수 있다.

고대 문화에서는 남자가 가족, 특히 아들을 갖는 것이 극도로 중요했다. 그래야 지위를 얻을 수 있었다. 아들은 땅을 경작하고 가축을 치기 위한 중요한 노동력이자 재정적인 안전망이었다. 퇴직금이나 연금이 없던 시대에 아들 외에는 다른 노후 대책이 없었다.

또 유대인 남자에게 아들은 하나님 백성의 연대기에서 한 자리를 차지하기 위한 필수 조건이었다. 아들이 없으면 약속의 땅에서 자기 가문에 할당된 구역이 결국 다른 가문으로 넘어갈 수밖에 없었다. 땅만이 아니라 자신의 이름도 영원히 기억 너머로 사라질 수밖에 없었다. 자신이 마치 존재한 적도 없는 사람처럼 되는 것이었다.

그래서 구약은 조상과 가계를 매우 강조한다. 구약 시대에는 누가 누구를 낳느냐가 요즘보다 훨씬 더 중요했다. 자식이 없는 사람은 다른 사람들에게 불쌍한 인생으로 취급받았다. 심지어 하나님께 저주받았다는 말을 듣기도 했다. 그런데 다니엘서는 물론이고 성경 어디를 봐도 다니엘과 세 친구에게 배우자나 가족이 있었다는 말이 없다. 유대 사회에서 이런 침묵이 의미하는 바는 하나뿐이다.

고대의 강력한 왕들은 정복한 땅에서 최고의 인재들을 끌고 왔다. 그중에서 최고의 미인은 후궁으로 삼았고, 뛰어난 남자들은 지위 높은 종과 노예로 삼아 자신을 섬기게 했다. 다니엘은 예루살렘에서 느부갓네살의 궁전으로 끌려온 젊은이들을 이렇게 묘사했다. "곧 흠이 없고 용모가 아름다우며 모든 지혜를 통찰하며 지식에 통달하며 학문에 익숙하여 왕궁에 설 만한 소년을 데려오게 하였고"(단 1:4).

이처럼 학식과 용모를 겸비한 남자들을 자기 여자 곁에 두고 싶을 남자는 세상 어디에도 없을 것이다. 그래서 왕들은 불륜의 소지(그리고 혈기로 인한 반역의 소지)를 아예 없애기 위해 주로 그런 남자들을 거세해 환관으로 만들었다. 사실, 다니엘의 훈련을 맡은 책임자가 "환관장", 곧 환관이었다(단 1:3, 7, 9, 18 참조).

: 악몽의 한복판에 나타나신 하나님

다니엘의 상황을 알고 나서 나는 더는 불평할 수가 없었다. 요즘 세상에서 하나님을 위해 사는 게 힘들어서 죽겠다는 말은 배부른 소리에 불과하다. 다니엘은 전도유망한 청년이었다. 정말이지 모든 것을 가진 사람처럼 보였다. 그는 귀족 집안의 귀한 자제였다. 아니, 단순히 양반집 도련님 정도가 아니라 그야말로 군계일학이었다. 쉽게 말해, 운동장에서 가장 먼저 뽑히고 선생님의 귀여움을 독차지하고 모두가 부러워하는 친구였다.

그런데 그 모든 부귀영화가 하루아침에 일장춘몽으로 끝났다. 우상을 숭배하는 군대가 그의 고향을 에워쌌고, 결국 왕은 백기를 들었다. 그 즉시 그와 친구들은 낯선 땅으로 끌려가 악한 왕을 섬기기 위해 낯선 언어와 악한 학문을 배워야 했다. 게다가 거세까지 당했으니 이보다 더 안타까운 상황이 또 있을까. '좋았던 옛날'과는 거리가 멀어도 너무 멀다. 다니엘의 꿈은 갑자기 악몽으로 변했다.

하지만 이 악몽의 한복판에 하나님이 나타나셨다. 하나님은 다니엘에게 가야 할 길을 보여 주셨고, 다니엘은 꿋꿋이 그 길로 걸어갔다. 그 덕분에 절대 번성할 수 없어 보이는 곳에서 높임을 받으며 살았다.

여기서 또 한 가지 의문이 생긴다. 왜 하나님은 애초에 악인들이 이기게 놔두셨을까? 도대체 이유가 뭘까?

4

왜 하나님은

때로 악인들이 이기게 놔두시는가

■

길고 긴 하루의 끝 무렵이었다. 우리는 모두 피곤했고, 배가 무척 고팠다. 나와 아내, 아이들은 서둘러 식당으로 들어가 자리를 잡고 메뉴판을 훑어보았다. 주문한 음식이 나오자 앞다퉈 게걸스럽게 먹기 시작했다.

사건은 그때 일어났다. 아이들이 싸우기 시작했다. 작은 녀석이 첫째의 접시에서 감자튀김 몇 조각을 집어 갔다. 그 즉시 첫째 아이가 소리를 지르며 마구 주먹을 휘둘렀다. 순식간에 음료수가 엎어져 사방으로 흩렀고, 셋째 녀석이 울음을 터뜨렸다.

이제 나는 아빠로서 해야 할 일을 할 수밖에 없었다. 나는 자리에서 벌떡 일어나 녀석들을 밖으로 끌고 나갔다. 그리고 녀석들에게 차례로 꿀밤을 먹이며 짐짓 엄한 목소리로 일장 훈계를 늘어놓았다. 오늘 식사는 끝났고 반성하지 않으면 내일 아침도 굶을 거라고 엄포를 놓았다.

마침내 싸움은 끝났다. 우리는 식당으로 돌아왔고, 나는 아빠로서 해야 할 일을 했다는 뿌듯함을 느꼈다. 경찰이 들이닥칠 때까지는 그랬다. 경찰들은 나를 한쪽으로 불러 취조한 뒤에 체포했다. 나는 그날 밤을 구치소에서 보내야 했다.

혹시 눈치챘을지 모르겠지만, 그 아이들은 우리 아이들이 아니었다. 테이블 하나 건너에 앉아 있던 아이들이었다. 당연한 말이지만 누구도 남의 아이들을 혼낼 권리가 없다.

혹시 지금 나에게 욕하려는 참인가? 잠깐! 사실 이것은 지어낸 이야기다. 이런 일은 절대 일어나지 않았다. 만약 이런 일이 일어났다면 나는 경찰이 도착하기도 전에 아내에게 혼찌검이 났을 것이다.

하지만 이 황당한 이야기는 중요한 원칙을 하나 말해 준다. 아버지는 남의 자식이 아닌 자기 자식을 훈계한다. 영적 영역에서도 마찬가지다. 하나님의 징계는 언제나 하나님이 자신의 자녀라고 부르는 사람들에게서 시작된다. 이것은 그 옛날 이스라엘만이 아니라 오늘날의 그리스도인들에게도 똑같이 적용되는 원칙이다(히 12:5-8; 벧전 4:17 참조).

하지만 우리로서는 고개를 갸웃거릴 수밖에 없다. 악인들이 하나님을 조롱하거나 부인하고, 지독한 죄를 저지르고도 무사한 것을 도무지 이해할 수 없기 때문이다. 하나님의 심판은 가장 악한 자들에게서 시작되어야 하는 것 아닌가? 그러나 현실은 그렇지 않다. 징계는 우리에게서 시작된다. 그래서 역사 속 하나님의 백성은 늘 혼란스러워했다.

: 하박국도 고통스럽게 물었다

하박국 선지자의 상황을 보자. 하나님이 바벨론을 들어 예루살렘을 정복하게 허락하겠다고 말씀하시자 하박국은 충격에 휩싸였다. 어떻게 그럴 수가! 바벨론 사람들은 무자비하고 과격한 민족으로 악명을 떨치던 자들이 아니던가. 그들은 자신의 말이 곧 법인 자들이었다. 그들은 자신의 명예를 추구하고 자기 힘을 숭상하는 이교도였다. 거룩하고 의로우신 하나님께 승리를 허락받을 만한 자들이 절대로 아니었다.

그래서 하박국은 하나님께 이유를 여쭈었다.

주께서는 눈이 정결하시므로 악을 차마 보지 못하시며 패역을 차마 보지 못하시거늘 어찌하여 거짓된 자들을 방관하시며 악인이 자기보다 의로운 사람을 삼키는데도 잠잠하시나이까(합 1:13).

하박국은 하나님이 이스라엘 백성의 죄를 심판하시겠다고 해서 충격을 받은 게 아니었다. 그는 이스라엘 백성이 벌을 받아 마땅하다는 사실을 잘 알았다. 사실, 그의 책은 자기 백성의 죄를 참아 주시는 하나님께 불평하는 것으로 시작된다.

하박국이 이해할 수 없었던 것은 선민을 벌하기 위해 악인들을 사용하시는 하나님의 계획이었다. 천하의 악인들이 자신들보다 훨씬 덜 악한 자들을 무너뜨리고 집어삼킨다는 것은 상상도 할 수 없는 일이었다.

혼란스러워하는 하박국에게 하나님은 바벨론의 징계는 신경 쓰지 않아도 된다고 말씀하셨다. 바벨론은 결국 마땅한 죗값을 치를 것이었다. 하지만 그것은 나중 일이었다. 하나님이 먼저 그들을 도구로 사용하신 뒤의 일이었다.

이에 하박국은 성경에서 가장 위대한 믿음의 글을 써 내려갔다. 마침내 그는 하나님의 뜻을 이해했다. 하나님은 자신의 백성에게서 거룩한 슬픔과 온전한 회개를 이끌어 내시려고 악한 자들을 징계의 도구로 사용하시는 것이었다.

> 내가 들었으므로 내 창자가 흔들렸고 그 목소리로 말미암아 내 입술이 떨렸도다 무리가 우리를 치러 올라오는 환난 날을 내가 기다리므로 썩이는 것이 내 뼈에 들어왔으며 내 몸은 내 처소에서 떨리는도다 비록 무화과나무가 무성하지 못하며 포도나무에 열매가 없으며 감람나무에 소출이 없으며 밭에 먹을 것이 없으며 우리에 양이 없으며 외양간에 소가 없을지라도 나는 여호와로 말미암아 즐거워하며 나의 구원의 하나님으로 말미암아 기뻐하리로다 주 여호와는 나의 힘이시라 나의 발을 사슴과 같게 하사 나를 나의 높은 곳으로 다니게 하시리로다(합 3:16-19).

: 하나님은 언제나 자기 자녀부터 징계하신다

한 교인에게 받았던 편지 한 통이 아직도 기억난다. 여기서는 그 교인을 "채드"라고 부르자. 채드는 우리 교회, 나아가 하나님께 화가 나 있었다. 그는 우리가 특별히 정치 영역에서 성경의 가치를 적극적으로 외치지 않는 이유를 모르겠다며 분통을 터뜨렸다. 그의 눈에는 죄인들이 승승장구하는 동안 하나님이 게으르게 뒷짐만 지고 계신 것처럼 보였다.

특히 그는 동성애자들의 권리가 신장되는 현실에 울분을 토했다. 그는 왜 우리 같은 교회들이 성경의 가치를 위해 목숨 걸고 싸우지 않느냐며 목소리를 높였다. 그가 볼 때 '악당들'이 이기는 가장 큰 이유는 교회들이 목소리를 높이지 않아서였다.

그의 편지는 대충 이런 내용이었다. "왜 하나님은 악이 선을 이기게 놔두시는 걸까요? 도대체 이해할 수가 없습니다. 이 나라가 도덕적으로 몰락한 근본 원인을 거슬러 올라가면 성경의 도덕과 결혼관을 옹호하지 않은, 배짱 없는 교회들이 나타납니다. 우리 교회도 그중 하나고요."

채드는 우리 교회에 온 지 얼마 되지 않은 교인이어서 나는 그가 어떤 사람인지 잘 몰랐다. 그래서 사람들에게 물어보니, 그는 자기 말로는 교회를 오랫동안 다니다가 최근에 우리 지역으로 이사를 왔다고 했다. 그는 두 달간 우리 교회에 꾸준히 출석하면서 소그룹 활동도 하고 헌금도 꽤 했다.

참, 한 가지 중요한 사실이 또 있다. 그는 여자 친구와 동거하고 있었다. 같이 산 지 2년쯤 된 것 같았다. 채드는 동성 결혼이 점점 합법화되는 추세를 걱정했지만, 사실 그는 지금 남을 걱정할 처지가 아니었다.

그래서 나는 그의 문제점을 깨우쳐 줄 수 있는 성경 구절들을 보내 주면서 아주 천천히, 그리고 유심히 읽을 것을 권했다. 그리고 그가 혹시 난독증 환자일 경우를 대비해서 핵심 구절들, 특히 여자 친구와의 성적 관계가 죄라는 사실을 지적하는 구절에 밑줄까지 그어 주었다.

그는 금욕에 관한 예수님의 말씀이 믿지 않는 동성애자들에게만 적용될 뿐 자신과 자기 여자 친구처럼 믿는 이성애자들에게는 적용되지 않는다고 생각하는 게 분명했다. 안타깝게도 그는 하나님의 심판이 이루어지는 원리를 오해하고 있었다. 채드는 심판이 비신자들에게서 시작된다고 생각했다. 나아가, 차에 물고기 스티커를 붙이고 대체로 예수님을 잘 따르는 사람들에게는 하나님이 약간의 숨통을 틔워 주셔야 한다고 생각했다. 이를테면 여자 친구와 동거해도 좀 봐주는 식으로 말이다.

하지만 하나님의 심판은 그런 식으로 이루어지지 않는다. 하나님의 심판은 언제나 그분의 자녀에게서 시작된다. 이것이 하나님이 바벨론을 들어 예루살렘을 공격하게 허락하신 이유다. 그리고 현대 기독교의 쇠퇴를 허락하신 것도 같은 이유이지 않을까 싶다.

한편, 그 뒤로 채드를 보거나 소식을 들은 적이 없다. 내가 보내준 거울이 마음에 들지 않았던 게 분명하다. 그가 원했던 것은 자신의 죄를 보여 주는 거울이 아니라 남들의 죄를 더 크게 보여 주는 쌍안경이었으리라.

: 우리 안에 뿌리내린 '선택적인 도덕성' 문제

솔직히 말해 보자. 채드만 그런 게 아니다. 교회는 이방인과 다를 바 없이 사는, 자칭 그리스도인들의 소굴로 변한 지 오래다. 그동안 우리는 이혼, 성적 순결, 용서, 원수에 대한 사랑, 비방, 험담, 제자도 같은 측면에서 이방인들과 별로 다른 모습을 보이지 못했다.

혹시 우리는 이스라엘 백성이 육신의 왕을 달라고 조를 때 겪었던 것과 비슷한 상황을 겪고 있는 게 아닐까? 그들은 하나님께 관심이 없었다. 그저 다른 나라와 똑같이 되고 싶었을 뿐이다. 그들은 영적인 하늘의 왕 대신 육신적인 이 땅의 왕을 원했다. 그들이 하도 졸라 대자 결국 하나님은 그들의 소원대로 사울이란 자를 왕으로 주셨다. 하지만 육신의 왕이라는 해법도 역시 통하지 않았다(삼상 8:1-22 참조).

채드처럼 교회의 문화적 영향력이 급속도로 약해지는 것(그리고 세상에서 노골적으로 경멸당하는 것)이 소위 문화 전쟁에 더 적극적으로 참여하지 않은 탓이라고 생각하는 사람이 많다. 그들은 우리가 좀 더 전략적으로, 혹은 적극적으로 전쟁에 임하기만 하면 전세가 역전될 것이라고 확신한다.

하지만 내 생각은 다르다. 나는 우리가 오랫동안 영적으로, 문화적으로 후퇴한 근본 원인이 따로 있다고 생각한다. 그 원인은 바로 우리 안에 있는 죄다. 아간의 죄로 여호수아의 이스라엘이 충격적인 패배를 당한 것처럼, 우리의 선택적인 도덕성은 현대 교회에 그에 못지않게 충격적인 일련의 패배를 안겨 주었다(수 7장 참조).

하나님은 우리를 너무도 사랑하셔서 오랫동안 방황하게 놔두지 않으신다. 하나님은 우리로 하여금 의의 열매를 맺게 할 수만 있다면 어떤 방법이라도 기꺼이 사용하신다. 가지치기를 해야 한다면 기꺼이 그렇게 하신다. 적들을 사용해야 한다면 기꺼이 그렇게 하신다. 우리를 악당들에게 무릎 꿇게 해야 한다면 기꺼이 그렇게 하신다.

그런데 왜 자꾸 우리는 불평만 하는가? 하나님이 그분의 교회를 정결하게 하시는 중인지도 모르지 않는가. 우리 마음이 그분께 돌아가도록 잠시 우리 무릎을 꿇리신 것일지도 모르지 않는가.

물론 나도 확실히는 모른다. 하나님은 이와 관련해서 내게 그 어떤 것도 말씀하지 않으셨다. 시간이 지나야 알게 될 것이다. 하지만 궁극적으로 결과는 별로 중요하지 않다. 우리가 남의 죄에 대한 대가를 같이 치르는 것이든, 우리 잘못으로 하나님께 징계받는 것이든, 타락한 세상에서 어쩔 수 없는 현실을 경험하는 것이든 간에 올바른 반응은 하나뿐이다. 우리는 소망과 겸손과 지혜의 삶을 살도록 부름받았다.

솔직히 말해서 우리는 고난을 겪을 때 좀처럼 이렇게 반응하지 않는다. 반항하거나 도망치는 것이 우리의 자연스러운 반응이다. 하지만 좋은 소식이 있다. 하나님은 우리에게 해야 할 일만 던져 주고 나 몰라라 방관하는 분이 아니라는 것이다.

하나님은 그 일을 하기 위해 필요한 모든 것도 공급해 주신다. 하나님은 우리를 전투에 내보내기 전에 먼저 철저히 무장을 시키신다. 성령을 주시고, 의욕과 능력도 주신다. 어떤 일을 어떻게 해야 하는지 알 수 있도록 성경의 지혜도 주신다(빌 2:13; 딤후 3:16-17; 시 119:105 참조).

: 고난 없이는 영혼의 근력을 키울 수 없다

안타깝게도 하나님은 우리를 무장시키려고 고난과 시련도 사용하신다. 인생이라는 학교에서 시련과 고난은 다들 피하길 원하는 과목이다. 자발적으로 이 과목을 신청할 사람은 오직 피학증 환자뿐이다. 이 과목은 참기 힘들 만큼 고통스럽지만, 우리에게 꼭 필요하다. 고통 없이는 아무것도 얻을 수 없다는 옛말도 있지 않은가. 이 원칙은 스포츠 세계만이 아니라 영적 세계에서도 똑같이 적용된다. 고난 없이는 영혼의 근력을 기를 수 없다.

사실, 시련과 고난이 처음부터 필요한 과목은 아니었다. 하나님이 처음 계획하신 우리의 인생 교과 과정에는 시련과 고난이 없었다. 모든 것은 아담과 하와라는 두 학생의 잘못에서 시작되었다. 두 학생이 중요한 시험에서 낙방하는 바람에 그 뒤로 이 과목은 우리가 반드시 이수해야 하는 과목이 되었다.

이번에는 시련과 고난이 우리를 무장시키는 데 어떤 중요한 역할을 하는지 자세히 살펴보자. 계속 읽어 보면 알겠지만 시련과 고난에는 많은 목적이 있다. 하나님은 시련과 고난을 통해 가지치기를 하고, 진짜와 가짜를 구분하고, 우리 영혼의 숨겨진 약점을 밝혀내고, 잠자고 있는 우리의 강점을 깨우신다.

시련과 고난은 소망, 겸손, 지혜가 자라기 위한 토대다. 또 풋내기 신병을 하나님의 성숙한 정예병으로 길러 내는 영적 훈련소이기도 하다(약 1:2-4; 롬 5:3-4 참조).

Part 2.

전쟁놀이가 아니라 생사가 걸린 싸움이다

Thriving in Babylon

1

가짜 믿음으로는 끝까지 못 버틴다

■

몇 년 전, 길거리 장터에서 가지치기용 가위를 하나 샀다. 유명 브랜드 제품이라 믿음이 가고 아주 튼튼해 보였다. 상자의 광고 문구를 보니, 탁월한 성능을 자랑했다. 장사꾼은 한 번도 반품을 받아 본 적이 없다고 큰소리를 쳤다. 그때만 해도 횡재했다고 생각했다. 하지만 그 가위는 세 번째 사용할 때 손잡이가 깨졌다. 두꺼운 가지도 싹둑 잘라 버릴 것만 같던 가위가 사실은 성냥개비만 한 가지에도 망가지는 부실 제품이었던 것이다.

하지만 나로서는 미리 알 방법이 없었다. 유명 브랜드 상표가 달려 있었고, 만져 봐도 단단하기 그지없었다. 게다가 판매자가 품질을 보증하기까지 했다. 처음에는 가지 몇 개가 잘 잘리기에 완전히 속았다. 하지만 큰 가지로 시험하는 순간이 찾아오자 진실이 드러났다. 겉으로 보기에는 품질이 그럴듯했지만 속은 엉터리였다.

영적 세계에서도 똑같은 일이 일어난다. 우리는 눈앞의 믿음이 진짜인지 가짜인지를 정확히 가려낼 수 없다. 가짜 믿음이 진짜 믿음과 너무도 똑같기 때문이다. 둘 다 같은 상표가 달려 있고, 같은 도덕에 따라 살고, 똑같은 신학을 말한다. 얼핏 보면 전혀 차이가 없다.

다니엘 시대에는 가짜 믿음이 판을 쳤다. 많은 사람이 단지 아브라함의 핏줄이라는 이유만으로 영적 후손임을 자처했다. 그들은 할례를 받고 모세 율법에 따라 제사를 지내며 아브라함과 사라를 조상으로 두었으면 하나님의 모든 약속을 자동으로 물려받는다고 주장했다. 하지만 그들 중 상당수가 이름뿐인 유대인이었다. 겉만 멀쩡할 뿐 마음은 하나님에게서 한없이 멀어져 있었다. 그들의 할례는 영적 할례가 아니라 철저히 육신적인 할례에 불과했다. 그들은 실체 없는 상표를 붙이고 있었다(롬 2:29; 렘 4:4 참조).

오늘날에도 그리스도의 제자를 자처하지만 실상은 전혀 그렇지 않은 사람이 많다. 사람들이 그리스도인이냐고 물으면 그들은 신앙 점검표를 내민다. 예를 들어, 그들은 대체로 도덕적인 삶을 산다. 크리스마스 이브와 부활절, 결혼식, 장례식 때는 어김없이 교회에 모습을 드러낸다.

하지만 그들의 신앙은 욕을 먹지 않을 정도로 최소한의 예의만 차리는 겉치레에 불과하다. 그들은 자기 멋대로 하나님의 평가가 상대평가라고 생각하고는 자신이 의인이라고 굳게 믿는다. 그들에게 예수님은 우주의 컨설턴트이며 성경은 유용한 지침서일 뿐이다. 그래서 성경 명령이 그들의 상식에 이해되지 않거나 너무 많은 대가를 요구할 때면 슬쩍 외면한다.

다니엘 시대의 반역적인 유대인들과 마찬가지로 그들의 신앙도 가짜다. 하지만 시험하지 않고서는 가짜인지 진짜인지 판가름하기가 쉽지 않다. 이것이 우리의 믿음이 시험을 받는 이유다. 시험을 거치지 않고서 진짜와 가짜를 구별할 방법은 없다.

물리적 세계든 영적 세계든 가짜의 문제점은 진짜와 꽤 비슷해 보인다는 것이다. 그렇지 않다면 속을 사람도 상처받을 사람도 없다.

예를 들어 보자. 내가 가게에서 물건을 사고 보드게임용 지폐 뭉치를 내민다면 점원은 그 지폐가 진짜인지 감별하지 않을 것이다. 그럴 필요가 없다. 가짜가 확실하니까 말이다. 누구도 경찰을 부르지 않을 것이고, 나는 사기죄로 체포되지도 않을 것이다. 사람들은 그저 한바탕 웃기만 할 것이다.

하지만 내가 같은 점원에게 진짜인지 가짜인지 확실치 않은 돈뭉치를 내밀면 완전히 다른 반응이 돌아올 것이다. 점원은 분명 내 돈이 진짜인지 꼼꼼히 확인할 것이다. 지폐를 불빛에 비춰 보거나 지폐

하나하나에 요오드 성분의 위조지폐 식별용 펜으로 줄을 그어 볼 것이다. 그래서 선이 누렇게 변하면 돈 통에 넣지만 군청색으로 변하면 즉시 경찰을 부를 것이다. 지폐를 시험해 보지 않으면 진짜인지 가짜인지 알 수 없다. 겉으로는 둘의 차이가 별 것 아닌 것처럼 보이지만, 상점에 들고 가면 결과가 완전히 달라진다. 진짜로는 원하는 물건을 살 수 있지만, 가짜는 완전히 휴지조각이다.

: 영적 불순물을 다 태우시다

가짜 믿음은 특히 그럴듯하다. 그런 의미에서 가짜 믿음은 황철석과도 같다. 황철석은 남들을 속일 뿐 아니라 주인까지 속인다. 주인은 금을 가졌다고 생각하지만, 사실 그것은 금색의 광물일 뿐이다.

가짜 믿음에 의지한 결과는 실로 끔찍하다. 그렇기 때문에 가짜 믿음을 최대한 빨리 밝혀내야 한다. 시험은 하나님을 위한 게 아니다. 하나님은 이미 무엇이 진짜고 무엇이 가짜인지 다 아신다. 시험은 우리를 위한 것이다. 우리는 진실을 알아야 한다. 믿을 만하지 않은 것을 믿고 있다면 너무 늦기 전에 깨닫고 조치해야 한다.

믿음이 진짜인지, 아니면 그저 약한 것인지, 혹은 완전히 가짜인지 확인하기 위한 유일한 방법은 고난과 시련의 시험을 거치는 것이다. 하지만 우리는 대부분 믿음의 시험을 받으면 충격과 실망에 휩싸인다. 특히 악인들의 손에 고난을 당하면 참지 못한다. 우리는 자신의 믿음이 이미 검증받았다고 확신한다. 그래서 우리의 믿음이 그런 식으로 시험받는다는 건 상상도 하지 못한다.

다니엘 시대에도 이런 태도가 팽배했다. 제사장과 선지자를 비롯한 영적 지도자들은 예로부터 하나님이 그 백성의 믿음을 시험하셨다는 사실을 잘 알았다. 그들은 힘센 악인들의 손을 통해 훈련과 시험의 기간을 거친 아브라함과 이삭, 요셉, 모세의 이야기를 익히 알고 있었다. 하지만 그들은 자신만큼은 그런 시험의 면제 대상이라고 생각했다.

바벨론이 국제 사회의 강자로 떠오를 당시, 거짓 선지자들은 전혀 걱정하지 말라고 이야기했다. 그들은 하나님이 반쪽짜리 믿음과 노골적인 불순종에도 상관없이 이스라엘 백성을 보호해 주실 것이라고 주장했다. 의와 순종이 아무리 가짜라 해도 그들이 아브라함의 자손이고 선민인 이상 털끝 하나 다치지 않을 것이라고 말했다.

안타깝게도 하나님은 그들의 계산대로 움직이지 않으셨다. 대신 하나님은 바벨론 군대를 보내 이스라엘 백성의 죄를 심판하셨다. 하나님은 그들의 믿음이 얼마나 엉터리인지를 적나라하게 드러내셨다. 진짜 믿음과 가짜 믿음이 만천하에 분명히 드러났다.

하나님은 지금도 여전히 고난과 시련을 사용하셔서 우리 믿음의 진위를 드러내신다. 금에서 불순물을 태워 없애려면 뜨거운 불이 필요한 것처럼, 영적 불순물을 태워 버리고 진짜만 남기기 위해서는 불 같은 시험이 필요하다. 이 외에 다른 방법은 없다. 솔직히, 다른 방법이 있으면 정말 좋겠다. 하지만 없다. 시험은 하나님이 선택하신 방법이다(벧전 1:4-7; 행 14:21-22 참조).

고난이 필요하다고 해서 고난의 충격과 고통이 가벼운 것은 결코 아니다. 고통으로 몸부림치는 사람들에게 빨리 털고 일어나라고 쉽게 말하는 사람들은, 십중팔구 한 번도 고난을 당하지 않았거나 성경을 제대로 읽지 않은 사람들이다. 우는 사람들과 함께 우는 것이 올바른 반응이다. 고통으로 몸부림치는 사람들에게 진정한 공감 없이 틀에 박힌 문구나 엉뚱한 성경 구절, 섣부른 조언, 자신이 좋아하는 설교 방송을 제시하는 것은 옳지 않다(롬 12:15 참조).

우리는 완전히 타락한 세상에서 살고 있다. 우리 원수는 악독하다. 우리의 전쟁은 매우 실질적이기 때문에, 피해가 보통 심각한 게 아니다. 지금 우리는 전쟁놀이를 하는 게 아니라 생사가 걸린 싸움을 하고 있다. 하지만 전쟁이 아무리 치열해도 우리에게는 희망이 있다. 우리가 때로 한계 끝까지 몰리기는 하지만 한계 '너머'까지 몰릴 일은 절대 없기 때문이다. 이것이 하나님의 약속이다(고전 10:13 참조).

욥이 견뎌야 했던 끔찍한 시련을 생각해 보라. 사탄은 이 땅의 복을 빼앗기면 욥이 하나님께 등을 돌리리라 장담했다. 그러나 하나님은 그렇지 않다는 것을 아셨다. 그리고 그것을 증명하시려고 사탄에게 욥을 (정해진 한계 내에서) 마음대로 다루도록 허락하셨다. 단, 이 시험의 목적은 욥을 무너뜨리기 위함이 아니었다. 오히려 욥의 의가 어느 정도인지 만천하에 똑똑히 보여 주기 위함이었다(욥 1-2장 참조).

솔직히 하나님이 욥을 한계까지 몰아붙이신 것을 보면 무릎이 덜덜 떨린다. 나라면 과연 그런 시험을 견딜 수 있을까 자신이 없다. 아무리 생각해도 처절하게 실패할 것만 같다. 하지만 걱정할 이유가 없다. 나는 욥이 아니기 때문이다. 하나님은 내게 욥의 시험이 아니라 나만의 시험을 주실 것이다. 만약 내 시험이 욥의 시험만큼 어렵고 고통스럽다면, 그것은 내 믿음이 욥의 믿음에 필적하기 때문일 것이다.

여기에 중요한 원칙이 숨어 있다. 고난 중에 사람들이 하나님께 화를 내며 떠나가는 것은 시험이 너무 어렵기 때문이 아니다. 그것은 그들의 믿음이 가짜기 때문이다. 그들의 믿음은 망가진 내 가지치기용 가위와 같다. 손잡이가 망가진 것은 가지가 너무 굵었기 때문이 아니었다. 그것은 가위가 광고 문구만큼 좋지 않았기 때문이다.

: 남의 믿음의 진위를 가리는 건 우리 몫이 아니다

한편, 남의 믿음이 진짜인지 가짜인지 판단하는 것은 우리 몫이 아니다. 우리는 그저 우리의 시험과 성경을 거울삼아 자신의 그릇만 확인하면 된다. 다른 사람들의 흠을 찾고자 쌍안경을 들어서는 곤란하다. 가짜를 골라내겠다고 우리 스스로 팔을 걷어붙이는 것은 주제넘은 짓이다. 그것은 어디까지나 하나님이 하실 일이다.

예수님은 가라지의 비유를 통해 잡초 제거를 그분께 맡기라고 분명히 말씀하셨다. 하루는 원수가 야밤을 틈타 농부의 밀밭에 가라지(이삭이 피기 전까지는 밀과 아주 흡사해 보이는 독보리)를 뿌렸다. 상황을 파악한 종들은 밭으로 나가 가라지를 뽑아내려고 했다. 하지만 밭 주인은 자칫 곡식까지 뽑을 수 있으니 그냥 놔두라고 명령했다.

역사가들은 고대 로마에서 원수의 밭에 가라지를 심는 것이 큰 사회 문제였다고 말한다. 오죽하면 그런 행위를 처벌하는 법까지 생겼을 정도다.[1] 원수가 심은 가라지는 농부에게 큰 골칫거리였다. 더 큰 문제는 한 해 농사가 위험에 빠졌다는 사실을 알았을 때는 너무 늦었다는 것이다. 상황을 파악했을 때는 이미 손 쓸 방법이 없었다.

예수님은 사탄도 똑같이 더러운 술수를 쓴다고 말씀하신다. 사탄은 하나님의 밀밭에 가라지를 심는다. 다시 말해, 어느 교회를 가나 원수가 심어 놓은 가라지 교인들이 존재한다. 하지만 나서서 문제를 바로잡는 것은 우리의 일이 아니다. 우리 손으로 가라지를 뽑으려고 하면 곡식까지 뽑을 위험이 너무 크다. 따라서 전적으로 하나님께 맡겨야 한다. 하나님이 추수 때에 천사를 보내 그 일을 하실 것이다(마 13:24-30, 36-43 참조).

: 진짜 믿음도 넘어질 수 있다

그렇다고 해서 진짜 믿음은 절대 흔들리지 않는다는 뜻은 아니다.

진짜 믿음도 흔들릴 수 있고, 크게 넘어질 수도 있다. 아브라함은 거짓말을 했고, 모세는 화를 냈으며, 다윗은 간음을 저질렀고, 베드로는 예수님을 부인했다. 특히 이 네 사람은 믿음의 엘리트 계층이었다. 하지만 그들은 모두 믿음의 진정성을 의심받을 정도로 엄청난 죄를 저질렀다.

그러나 실패한 뒤의 모습은 가짜 신자들과 완전히 달랐다. 언제나 그들은 회개하고 다시 일어나 계속해서 전진했다. 이것이 진짜 믿음과 가짜 믿음의 결정적인 차이다. 둘 다 실패할 때가 있다. 그런데 가짜 믿음은 넘어지면 일어날 줄 모른다. 유혹이나 적대주의의 바벨론 속에서 시들다가 죽어 버린다.

진짜 믿음은 다르게 반응한다. 진짜 믿음은 계속해서 쓰러져 있기를 거부한다. 이를 악물고 어떻게든 다시 일어선다. 성령의 능력으로 다시 전진할 방법을 찾아낸다. 물론, 같은 진짜 믿음이더라도 다니엘처럼 달릴 수도 있고 야곱처럼 절뚝거릴 수도 있다. 결승선까지 전속력으로 달려갈 수도 있고 겨우겨우 기어갈 수도 있다. 하지만 진짜 믿음은 어떻게든 마무리를 한다. 결코 중도에 포기하지 않는다.

오해하지는 말라. 하나님의 자녀도 큰 실수를 저지른다. 그것도 자주. 하지만 그들은 절대 그만두지 않는다. 그럴 수가 없다. 왜냐하면 하나님이 그들 속에 살아 계시기에. 그 하나님은 절대 그만두지 않으시기에.

2

■
■
■

영적 기만과

끝까지
싸워야 한다

■

어떤 가짜들은 다른 가짜들보다 훨씬 더 그럴듯하다.

지폐 이야기를 다시 해 보자. 위조지폐는 대개 쉽게 판별할 수 있다. 미국 재무부에서 사용하는 직물 기반의 종이는 구하기가 어렵기 때문에 대부분의 위조지폐는 녹말 종이를 사용한다. 그래서 감촉 검사나 요오드 검사를 통과할 수 없다. 현재 유통되고 있는 지폐 중에 위조지폐가 1퍼센트밖에 되지 않는 이유가 여기에 있다.

하지만 가끔 지폐 위조 조직들이 정부에서 사용하는 것과 똑같은 종이를 입수하기도 한다. 그렇게 만들어진 위조지폐는 판별하기가 훨씬 더 힘들기 때문에 좀 더 오래 유통된다. 하지만 그래 봐야 결국은 적발된다. 아무리 잘 만들어진 가짜라 해도 진짜의 '모든' 특성을 재현할 수는 없기 때문이다.

예를 들어, 5달러 이상 지폐에는 플라스틱 조각이 박혀 있다. 그 조각은 금액마다 다른 부분에 위치해 있어 소액지폐를 표백한 다음 고액지폐로 다시 인쇄할 수 없다. 검은 빛 아래서 보면 액수마다 다른 색으로 나타나는 세로띠도 있고, 기울기에 따라 색깔이 변하는 잉크도 있다. 또 빛에 비추면 특정한 이미지의 워터마크가 보인다.

물건 값을 계산할 때마다 이 모든 특징을 확인하려면 너무 많은 시간이 걸린다. 물건 하나를 사기 위해 하루 종일 걸릴 수도 있다. 그래서 감쪽같은 위조지폐는 발각되는 데 꽤 시간이 걸린다. 하지만 결국은 이상한 점이 드러난다. 누군가가 자세히 뜯어보게 되어 있다.

영적 영역에서도 마찬가지다. 어떤 가짜 믿음은 알아보기가 쉽다. 그런가 하면 꽤 오랫동안 진짜 행세를 하는 가짜도 있다. 마음은 지옥인데 자신을 속이며 신앙생활 하거나 끝없는 욕심으로 다른 이의 삶을 지옥으로 만드는, 자칭 그리스도인들의 가짜 믿음은 쉽게 알아볼 수 있다. 그런 믿음에 속는 사람은 오직 당사자뿐이다. 마찬가지로 편의 때문에 믿거나 문화에 순응해서 신앙생활을 하는 사람들의 믿음도 판별하기 쉽다. 그런 사람들은 예수님을 따르기 힘들어지면 미련 없이 떠나 버린다.

하지만 훨씬 더 기만적인 형태의 가짜 믿음도 있다. 그들은 진짜 신앙인의 특징을 꽤 똑같이 흉내 낸다. 그래서 그들을 잘 모르는 사람들은 물론이고 잘 아는 사람들까지도 감쪽같이 속아 넘어간다. 다니엘 시대에는 할례나 유대교 종교 의식을 준수하는 것과 아브라함과 사라의 직계 후손이라는 사실에 많은 사람이 속아 넘어갔다. 많은 사람이 이런 조건만 갖추면 하나님 앞에서 부끄럽지 않다고 생각했다. 그들은 할례와 종교 의식만 제대로 지키면 정의와 긍휼, 겸손이 부족해도 괜찮다고 생각했다(미 6:8 참조).

물론 지금 우리는 할례나 종교 의식, 혈통으로 순종을 대신하려고 하지 않는다. 대신 오늘날에는 좋은 의도나 높은 도덕성, 빠른 출발이 우리 안에 그릇된 영적 자신감을 불러일으킨다. 그런데 이 세 가지를 갖춰도 하나님 앞에 올바로 설 수 없고 바벨론의 공격에 제대로 대응할 수 없는 이유는 무엇일까?

: '좋은 의도'가 곧 진짜 믿음은 아니다

좋은 의도를 현실과 혼동하기 정말 쉽다. 더도 말고 동네 헬스클럽에 가 보라. 헬스클럽의 매출은 대부분 나타나지 않는 회원들이 책임진다. 그들이라고 왜 나오고 싶지 않겠는가. 그들도 운동하려고 계획을 세웠다. 적잖은 돈까지 투자한 것으로 봐서 몸을 가꾸려는 마음은 누구 못지않다. 하지만 결국 그들은 헬스클럽에 나타나지 않는다.

영적 영역에서도 똑같은 일이 벌어진다. 예수님을 따르기 원하면서도 실제로는 따르지 않는 사람이 참 많다. 어떤 이들은 마가복음에 등장하는 부자 청년처럼 하나님 나라에 들어가려는 열정을 품었다가 그에 따르는 대가를 알고 나서 마음을 바꿔 먹는다(막 10:17-27 참조). 또 어떤 이들은 일종의 영적 광고에 혹해서 부푼 마음을 안고 교회에 찾아온다. 하지만 그들도 역시 다음 단계를 밟지 않는다. 의도는 좋지만 추진력은 형편없다.

예수님은 한 형제의 비유에서 좋은 의도의 기만성을 지적하셨다. 하루는 아버지가 형제에게 포도원에 나와 일손을 거들어 달라고 부탁했다. 이에 한 아들은 알았다고 대답했고 다른 아들은 싫다고 대답했다. 하지만 두 아들은 모두 대답대로 하지 않았다. 좋은 의도를 품었던 아들은 결국 포도원에 나타나지 않았지만, 나쁜 태도를 보였던 아들은 마음을 고쳐먹고 일하러 나왔다. 이 대목에서 예수님은 무리에게 물으셨다. "그 둘 중의 누가 아버지의 뜻대로 하였느냐"(마 21:28-32 참조).

예수님이 이렇게 친절하게 알려 주셨는데도 여전히 좋은 의도를 진짜 믿음과 동일시하는 사람이 너무도 많다. 믿지 못하겠다면 장례식에서 사람들이 하는 말을 유심히 들어 보라. 고인이 생전에 얼마나 악했는지는 중요하지 않다. 고인이 교회에 잠깐 관심을 보였다는 증거만 있어도 사람들은 고인이 더 좋은 곳으로 갔다고 이야기한다.

영적 열매가 없다는 사실은 중요하지 않은 것 같다. 육신의 열매만 한 가득이라는 사실도 역시 중요하지 않은 듯하다. 성령의 열매는 그리스도의 진정한 제자가 되기 위한 부수 조건 정도로 전락했다. 이제 우리에게 영적 탄생의 궁극적인 증거는 성령의 열매가 아니라 단순히 좋은 의도다(갈 5:19-25 참조).

혹시나 오해하지는 않았으면 한다. 구원을 우리의 선행과 절제로 얻을 수 있다는 뜻은 절대 아니다. 우리의 구원과 안전은 오직 그리스도 안에서만 발견할 수 있다. 은혜로 주어지는 것을 우리의 노력으로 얻을 수는 없다.

다만 예수님의 말씀을 액면 그대로 받아들여야 한다는 말이다. "그 열매로 나무를 아느니라"(마 12:33)라는 예수님의 말씀은 있는 그대로를 의미한다(누가복음 6장 44절은 "나무는 각각 그 열매로 아나니"라고 말한다). 오렌지 열매를 맺으면 오렌지 나무고, 레몬 열매를 맺으면 레몬 나무다. 사람들이 그 나무에 어떤 이름표를 붙이는지는 상관없다. 나무가 스스로 어떤 나무가 되고 싶어 하는지도 상관없다. 심지어 과즙이 풍부한지 썩어 문드러졌는지도 중요하지 않다. 나무는 오직 열매로 보아 안다. 열매를 눈으로 보고도 다른 나무라 주장하는 사람은 바보일 뿐이다.

좋은 의도가 불필요하다는 말은 아니다. 좋은 의도는 정말 중요하다. 좋은 의도가 없으면 애초에 시작도 할 수 없다. 진짜 믿음은 언제나 좋은 의도에서 시작된다. 회개도 마찬가지다. 순종의 행위도 마찬가지다. 하지만 좋은 의도에서 끝난다면 아무 소용없다.

: '높은 도덕성'이 곧 진짜 믿음은 아니다

성경적인 도덕성이 없다는 것은 예수님을 알지도, 따르지도 않는다는 확실한 증거다(고전 6:9-11; 요일 2:3-5 참조). 하지만 성경적인 도덕성이 있다고 해서 반드시 예수님과 진정한 관계를 맺고 있다고 말할 수는 없다. 도덕성만큼 자주 거짓 자신감과 영적 기만으로 이어지는 것도 없기 때문이다.

우리는 윤리적이고 도덕적인 삶을 진짜 믿음과 동일시하곤 한다. 하지만 높은 도덕성에 따라 사는 사람들은 그리스도인들만이 아니다. 유대교와 불교, 이슬람교처럼 다른 종교를 잘 따르는 사람들의 도덕성도 무시하지 못할 수준이다. 심지어 사이비 종교인들 중에도 높은 도덕성을 보이는 자들이 있다.

높은 도덕성은 예수님 외에도 많은 것에서 비롯할 수 있다. 예컨대, 좋은 가정환경이나 종교 교육, 남에게 잘 보이고 싶은 욕구, 두려움, 심지어 남을 속이려는 마음(사도 바울은 고린도후서 11장 11-15절에서 사탄이 광명의 천사를 가장하고 그의 졸개들이 의의 일꾼을 가장한다고 경고했다)도 도덕적인 삶을 낳을 수 있다.

이러한 예로 제이슨이 생각난다. 어린 시절 제이슨은 모범생이었다. 그의 부모는 교회의 충실한 일꾼이었다. 제이슨은 성경 암송으로 상도 여러 번 받았다. 말썽이라고는 아예 피울 줄 모르는 착한 아이였다. 길거리에서 할머니의 짐을 들어 주고 받은 표창장이 한두 개가 아니었다. 하지만 대학에 가면서 모든 것이 변했다. 제이슨은 지난 삶의 흔적을 모조리 지워 버렸다. 신동이 탕자로 변했다. 어두운 삶을 살다가 급기야 일을 벌이고 말았다. 그 소식을 듣고 우리는 모두 크게 충격받았다. 우리는 제이슨이 목사가 될 줄로만 알았다. 그가 죄수가 될 줄은 꿈에도 몰랐다.

돌이켜 보면 어릴 적 제이슨이 열심히 교회에 다니고 올바른 품행을 보인 것은 다 남들에게 잘 보이고 싶은 욕구 때문이었다. 의로운 겉모습은 성령의 열매가 아니라 순응의 열매였다. 독실한 신앙인인 부모와 학교 선생들, 교회 선생들, 목회자들 앞에서는 말과 행동이 완벽했다. 반면, 방탕한 친구들과 어울릴 때는 자연스럽게 그들과 똑같은 말과 행동이 나왔다.

장차 하나님께 크게 쓰임받을 거라고 기대했던 젊은이가 알고 보니 카멜레온이었다. 진실이 드러나기까지는 오랜 시간이 걸렸다. 그만큼 철저한 가짜가 많다. 그런 가짜는 알아차리기 힘들다. 그들의 실체를 확인하는 데는 꽤 오랜 시간이 걸린다.

: '빠른 출발'이 곧 진짜 믿음은 아니다

우리는 교회에 나오자마자 하루가 다르게 성장하는 사람들을 무조건 좋게만 보는 경향이 있다. 특히 극적으로 회심한 사람들은 간증

집회에 불려 다니느라 정신이 없을 정도다. 어느 모로 보나 나 역시 빠른 출발을 한 사람 중 한 명이다. 하지만 착각하지 말아야 한다. 시작이 좋다고 끝도 좋으란 법은 없다. 화려하게 시작했다가 초라하게 막을 내리는 경우가 비일비재하다.

예수님은 빠른 결과가 무조건 좋지 않다는 점을 설명하기 위해 네 가지 땅에 씨앗을 뿌린 농부의 비유를 해 주셨다(마 13:1-23 참조). 어떤 씨앗은 길가에 떨어져 즉시 새들에게 먹혔다. 길가의 딱딱한 땅은 예수님의 메시지를 이해하지 못한 사람들이며 새들은 복음의 씨앗이 싹을 틔우기도 전에 빼앗아 가는 사탄을 의미한다. 어떤 씨앗은 얕은 땅에 떨어져 금방 싹을 틔웠다. 하지만 뿌리를 깊이 내리지 못해 이 싹은 뙤약볕(고난과 영적 박해) 아래서 시들어 죽어 버렸다. 어떤 씨앗은 가시떨기가 자리 잡고 있는 땅에 떨어졌다. 이 씨앗도 금세 싹을 틔웠지만 가시(이생의 염려와 재물의 유혹)에 기운이 막혀 열매를 맺기 훨씬 전에 죽어 버렸다. 마지막으로, 어떤 씨앗은 좋은 땅에 떨어졌다. 이 씨앗은 쑥쑥 자라 많은 열매를 맺었다.

이 비유를 예수님께 직접 들었던 사람들은 농경 사회에서 살았기 때문에 예수님의 요지를 정확히 이해했다. 처음에는 빠른 속도로 자라다가 열매를 맺지 못하고 죽어 버리는 씨앗을 좋아할 농부는 어디에도 없다. 초기의 성장이 아무리 눈부셔도 수확이 없으면 말짱 도루묵이다.

그런데 이상하게도 (농사에 관해 전혀 모르는 게 분명한) 현대의 일부 신학자들은 이 비유를 구원 보장에 관한 비유로 곡해했다. 그래서 이 비유는 진실한 그리스도인이 결국 비신자가 될 수 있느냐는 논쟁을 일으켰다.

하지만 그런 논쟁은 예수님의 의도와 아무 상관이 없다. 예수님은 좋은 토양이 안 좋아지는 상황을 이야기하신 게 아니다. 예수님은 토양의 종류가 다르면 결과가 달라지며 빠른 결과를 너무 좋아하지 말아야 한다는 점을 지적하신 것이다. (알미니안주의자든 칼빈주의자든 상관없이) 농부라면 씨앗이나 땅이 열매 맺지 못하는 것을 원하지 않는다.

현대의 바벨론 한복판에서 살아남을 뿐만 아니라 그리스도인으로서 풍성한 열매를 맺으려면 좋은 의도나 높은 도덕성, 빠른 출발만으로는 부족하다. 예수 그리스도와 진정으로 관계 맺는 것이 필요하다. 그래야 인생이 변하고 의의 열매를 맺을 수 있다. 가짜 믿음은 아무리 그럴듯해 보여도 오래 버티지 못한다. 무엇보다도 하나님의 최후 심판을 버텨낼 수 없다. 예수님은 분명 그렇게 말씀하셨다. "나더러 주여 주여 하는 자마다 다 천국에 들어갈 것이 아니요 다만 하늘에 계신 내 아버지의 뜻대로 행하는 자라야 들어가리라"(마 7:21).

이것이 우리에게 믿음의 시험이 그토록 중요한 이유다. 조치를 취할 수 없을 만큼 늦기 전에 우리의 상태를 파악해야 한다.

3

하나님의
정예병으로
서라

■

나는 샌디에이고 카운티에 있는 미 해병대 기지인 캠프 펜들턴 근처에 산다. 이와 관련해 문제를 하나 내 보겠다. 모든 해병의 공통점을 하나 찾는다면 무엇일까? 그것은 생각보다 간단하다. 해병들 모두 신병 훈련소에서 살아남았다는 것이다. 신병 훈련소는 신병이 당당한 해병으로 거듭나는 곳이다.

신병 훈련은 소풍이 아니다. 훈련을 즐거워할 사람은 어디에도 없다. 하지만 훈련은 정말로 중요하다. 많은 사람의 생각과 달리 신병 훈련의 목적은 약골을 쫓아내는 것이 아니다. 사실, 탈락자는 그리 많지 않다. 기껏해야 10퍼센트 이하다. 신병 훈련의 주목적은 훈련병을 좌절하게 하는 게 아니라 해병으로 키우는 것이다. 훈련은 다가올 전쟁을 미리 대비하는 과정이다.

운동선수들도 이와 비슷하게 훈련받는다. 운동에 인생을 건 선수들은 고통 없이는 아무것도 얻을 수 없다는 사실을 일찌감치 깨닫는다. 팔다리에 알이 배길 정도로 열심히 하지 않으면 강해질 수 없다. 설렁설렁 훈련하는 것으로는 마지막까지 버틸 수 없다. 금메달을 따려면 훈련의 강도를 극한까지 높여야 한다.

영적 영역에서도 마찬가지다. 바벨론 같은 환경에서 살아남을 뿐만 아니라 번영하려면 강해져야 한다. 그러기 위해서 강도 높게 훈련해야 한다. 영적 신병 훈련소가 필요하다. 고난과 시련이 필요하다.

: 지금 이 정도로는 끝까지 못 버틴다

가끔씩 고난다운 고난을 한 번도 겪지 않은 교인들을 본다. 운 좋은 사람들이라고 생각하는가? 나는 그렇게 생각하지 않는다. 나는 그들을 "준비되지 않은 사람들"이라고 부르고 싶다. 신앙 때문에 괴롭힘이나 거부를 당해 보지 않은 사람들은 진짜 박해가 찾아오면 속절없이 무너지기 쉽다. 그들은 바벨론에서 '번영할' 가망성이 희박하다.

운 좋으면 기껏해야 '살아남기'나 가능할 것이다.

중요한 승진에서 떨어져 사실상 앞길이 막혀 버린 뒤 완전히 무너진 채 나를 찾아온 교인이 생각난다. 그는 어디를 가나 당당히 신앙을 밝히는 그리스도인이었다. 반면, 그의 직속상관은 무신론자였다. 그는 그것이 자신이 승진에서 누락된 이유라고 확신했다. 그는 내 앞에서 눈물을 흘리며 하나님에 대한 원망을 쏟아 냈다. 그는 깊은 회의에 빠져 있었다. 평생 예수님을 따른 것이 헛수고 같다고 말했다.

그에게 무슨 말을 어떻게 해야 할지 몰라 잠시 고민했던 기억이 난다. 우리가 예수님을 따르는 것은 무엇보다도 그분이 하나님이시며 우리 죄를 용서해 주셨기 때문이다. 그분이 우리를 승진시켜 주겠다고 약속하셨기 때문이 아니다. 그는 이 점을 이해하지 못했다.

사실 그는 성격이 매우 모난 사람이었다. 그래서 그가 승진하지 못했다는 소식을 들었을 때 나는 전혀 놀라지 않았다. 또 그가 내게 끊임없이 이 시대의 도덕이나 정치권을 비판하는 글과 동영상을 보내는 바람에 정말 괴로웠다. 그것은 모두 선동적이고 왜곡된 내용이었다. 개중에는 완전히 근거 없는 중상모략도 있었다. 하나같이 부정적인 내용 일색이었다. 그는 지금이 말세이며 곧 적그리스도가 나타날 것이라고 확신했다. 그러면서 내가 세상에서 일어나는 경제난, 정치적 혼란과 실패, 문화적 재난에 무관심해서 걱정이라고 말했다.

고민 끝에 나는 그에게 진실을 있는 그대로 말해 주었다. 당신이 그 모습을 봤다면 목사가 말을 너무 심하게 한다고 생각했을지도 모르겠다. 나는 그가 비록 승진은 하지 못했지만 여전히 직장이 있다는 점을 상기시켜 주었다. 그것도 보통 직장이 아니라 남들이 선망하는 직장이었다. 그에게는 여전히 식탁 위에 음식이 있고 머리 위에 지붕이 있었다. 세상에는 신앙을 밝히면 일조차 할 수 없는 곳도 많다. 심지어 어떤 곳에서는 목숨을 잃을 수도 있다. 나는 승진에 실패한 것이 영적 신병 훈련일지도 모른다고 말했다. 어쩌면 하나님은 그의 엉성한 무장 상태를 보여 주고자 그 일을 허락하신 것인지도 모른다. 만약 그가 예상한 대로 곧 진정한 박해가 닥친다면, 더더욱 그 시련이 필요하다. 시련으로 단련되지 않으면 그 엄청난 박해를 견딜 수 없을 테니 말이다.

다행히 그는 즉시 무릎을 꿇고 회개하며 자신이 철부지 같은 말을 했다고 뉘우쳤다. 그는 내게 있는 그대로 진실을 말해 줘서 고맙다는 말을 몇 번이나 하고서 그나마 직장을 잃지 않은 것과 이미 많은 복을 주신 것에 대해 하나님을 찬양하며 집으로 돌아갔다.

진짜로 그랬을까? 물론 아니다. 그는 내 조언을 귀담아듣지 않았다. 끝까지 내가 그에게 한 말이 틀렸다고 고집을 부렸다. 그의 말이 조금은 옳았는지도 모르겠다. 하지만 내가 훈련 교관보다는 훨씬 더 상냥했다는 생각만큼은 지금도 변함이 없다.

: 영적 신병 훈련소에서 받는 훈련들

우리 사회와 문화는 기독교와 기독교 가치에 점점 더 적대적으로 변해 가고 있다. 이런 상황에서는 몇 가지 영적 자질이 특히 중요하다. 그중에서 생존에 없어서는 안 될 다섯 가지 자질이 있다. 이 다섯 가지 자질은 상황과 관계없이 중요하고, 바벨론 같은 환경에서는 특히 더 필요하다. 그래서 하나님은 이런 자질을 기르는 데 도움이 된다면 우리를 그 어떤 영적 신병 훈련소로도 기꺼이 보내신다.

이 다섯 가지 자질은 순종과 전체를 보는 시각, 인내, 확신, 용기다. 이 자질 하나하나를 자세히 살피면서 이것이 바벨론에서의 영적 생존에 중요한 이유를 함께 고민해 보자.

순종

순종은 제자의 필수 자질이다. 순종은 항상 중요하다. 순종은 우리가 예수님을 알고 사랑한다는 확실한 증거이며, 지상 명령의 궁극적인 목표다(마 28:18-19; 요일 2:3-5; 요 14:15 참조).

순종은 총격전 한복판에서 특히 중요하다. 지옥의 세력이 총공세를 펼칠 때는 머뭇거리거나 토론할 시간이 없다. 그래서 신병 훈련소에서는 상명하복의 원칙을 가장 먼저 가르친다. 군대의 생존과 승리가 순종에 달려 있어서다.

영적 영역에서도 다르지 않다. 원수가 영적 공격을 퍼부을 때는 지체 없이 순종하는 게 중요하다. 하나님이 "뛰어라!"라고 말씀하시면 우리의 질문은 언제나 "얼마나 높이요?"가 되어야 한다. 우리 그리스도인들에게는 이런 순종이 제2의 천성처럼 자연스러울 것만 같다. 만왕의 왕이요 우주의 주인에게 순종하는 것은 너무도 당연하지 않은가. 우리의 신학에 따르면 하나님은 실수하지 않으시는 분이다. 그렇게 완벽하신 분이 제안이 아닌 명령을 하시는데, 토를 달 이유가 무엇인가.

하지만 솔직하게 이야기해 보자. 일이 잘 풀리지 않으면 우리의 믿음은 어디론가 사라진다. 순종의 길이 우리 머리로 이해할 수 없거나 대가가 너무 크거나 생각만큼 평탄하지 않을 때, 우리는 미련 없이 내 눈에 좋아 보이는 길로 간다.

하나님의 명령에 동의할 때는 따르기가 쉽다. 하지만 그것은 진정한 순종이 아니다. 우리 머리로는 이해할 수도, 동의할 수도 없는 명령을 따르기 전까지는 순종을 배웠다고 말할 수 없다. 바로 이것이 솔로몬이 추구했던 순종이다. "너는 마음을 다하여 여호와를 신뢰하고 네 명철을 의지하지 말라 너는 범사에 그를 인정하라 그리하면 네 길을 지도하시리라"(잠 3:5-6).

이런 순종은 우리에게 결코 자연스럽지 않다. 이것은 애써서 배워야 하며, 오직 고난과 시련을 통해서만 배울 수 있다. 우리 머리로 이해되지 않아도 하나님을 신뢰하는 것이 성공의 열쇠라는 사실은 오직 영적 신병 훈련소에서만 배울 수 있다.

다른 방법은 없다. 심지어 예수님도 이런 식으로 순종을 배우셨다. 히브리서를 보면 분명 그렇게 기록되어 있다.

> 그는 육체에 계실 때에 자기를 죽음에서 능히 구원하실 이에게 심한 통곡과 눈물로 간구와 소원을 올렸고 그의 경건하심으로 말미암아 들으심을 얻었느니라 그가 아들이시면서도 받으신 고난으로 순종함을 배워서(히 5:7-8).

하나님은 영적으로 적대적인 환경에서 불합리해 보이는 명령을 자주 하신다. 하나님의 가장 기본적이고 가장 잘 알려진 명령들이 대개 그렇다. 원수를 사랑하고 권위에 복종하고 우리가 용서받은 대로 용서하라는 명령은 따르기가 좀처럼 쉽지 않다.

기독교 가치가 지배하는 사회에서는 이런 명령을 지키기가 상대적으로 쉽다. 하지만 우리 원수들이 강하고, 권력의 자리에 앉아 있는 사람들이 우리를 반대하고, 많은 사람이 우리의 가치를 조롱하는 사회에서는 결코 쉽지 않다.

하지만 그래도 우리는 순종해야 한다. 그것이 하나님의 명령이기 때문이다. 그리고 순종은 원래 그렇게 힘든 상황에서 배워야 한다.

전체를 보는 시각

바벨론 같은 환경에서 반드시 필요한 두 번째 자질은 전체를 보는 시각이다. 순종과 마찬가지로 전체를 볼 줄 아는 시각도 고난을 통해서만 얻을 수 있다.

전체를 보는 눈이 없으면 상황을 확대해석하게 된다. 사소한 일을 재난으로 해석한다. 예컨대, 권리를 잃은 것을 지독한 박해로 해석한다. 반대를 미움으로 해석한다. 법적 공방이나 선거에서 지면 참을 수 없이 괴로워하고 절망한다. 요컨대, 하나님을 고려하지 않은 채 상황을 판단하는 것이다. 안타깝게도 전체를 보는 시각이 부족한 사람은 좀처럼 그것을 깨닫지 못한다.

왜 두 살배기는 5분의 기다림을 영원처럼 느끼는 것일까? 왜 부잣집 도련님은 이등석에 타면 세상이 끝난 것처럼 구는 것일까? 왜 부모는 자녀의 야구 시합을 보러 와서 심판의 오심에 고함을 지르는 것일까? 모두 전체를 보는 시각이 부족해서다. 두 살배기는 시간을 이해하지 못한다. 부잣집 도련님은 보통 사람들이 어떻게 사는지 모른다. 부모는 아들의 인생 전체에서 그 야구 경기가 차지하는 비중이 얼마나 작은지 깨닫지 못한다. 그들은 모두 자신의 행동이 옳다고 생각한다. 그렇지 않고서야 그렇게 반응할 리가 없다. 그런 그들에게 전체를 보는 시각에 대해 잔소리를 해 봐야 소용없다. 오히려 우리가 어리석다고 욕을 할 게 뻔하다.

하지만 전체를 보는 눈을 얻으면 모든 것이 달라진다. 전체 상황을 볼 수 있다. 사도 바울이 수많은 박해를 어떤 식으로 받아들였는지 보라. 볼수록 놀랍다. 반복된 채찍질과 매질, 암살 시도, 투옥, 난파, 도망자의 삶을 견뎌야 했던 사내. 하지만 그는 다가올 천국의 영광을 바라보며 그 모든 시련을 잠시의 고난으로 여길 수 있었다(고후 4:16-18; 11:23-29 참조).

바울은 어떻게 그런 시각을 얻을 수 있었을까? 지독한 고난을 당한 덕분이었다. 시련이 하나 지나갈 때마다 그는 더 강해졌다. 원수의 그 어떤 공격도 막아 낼 수 있다는 자신감이 점점 자라났다. 바울은 예수님이 공급해 주신 힘과 능력에 기대는 법을 배웠고, 그 힘과 능력만으로 그 어떤 시련도 너끈히 이겨 낼 수 있다는 사실을 깨달았다(빌 4:12-13 참조).

말년에 이르러서 바울은 원수의 그 어떤 공격도 통하지 않을 만큼 완벽히 준비됐다. 이제 그는 산전수전을 다 겪은 백전노장이었다. 심지어 순교조차도 그에게 두려움을 심어 줄 수 없었다.

이것이 고난과 시련의 다른 얼굴이다. 고난과 시련은 우리에게 전체적인 시각을 가르쳐 준다. 모두가 두려워하는 일을 두려워하지 않는 용기를 준다. 다른 이들이 공포로 벌벌 떨 때도 동요하지 않을 수 있다.

그래서 내가 아는 전역한 해병들은 좀처럼 직장에서의 스트레스나 불평등에 관해 불평하지 않나 보다. 그들의 시각은 여느 사람들과 다르다. 그들은 인생의 쓴맛 정도가 아니라 총알 맛을 본 사람들이다. 그들은 진짜 위험이 무엇인지를 잘 안다.

인내

바벨론에서 반드시 필요한 세 번째 자질은 인내다. 그리고 인내도 역시 우리를 한계 끝까지 몰아가는 신병 훈련소에서만 얻을 수 있다.

고교 시절에 나는 농구 선수였다. 우리가 우승한 경기는 수없이 많았지만, 큰 점수 차이로 이긴 경기는 많지 않았다. 4쿼터까지 접전을 벌이는 경기가 대부분이었다. 그러다가 마지막 순간에 발동이 걸려 순식간에 적을 따돌렸다.

비결이 뭔지 아는가? 실전보다 더 실전같이 연습했기 때문이다. 연습이 훨씬 더 힘들었다. 우리 팀 감독님은 우리를 죽도록 훈련시켰다. 정말 더는 뛰지 못할 것만 같을 때 두 바퀴를 더 뛰게 만들었다. 우리는 모두 감독님을 가학증 환자라고 생각했다. 다른 팀으로 가고 싶을 때가 한두 번이 아니었다. 하지만 우승 트로피를 손에 쥐는 팀은 언제나 우리 팀이었다. 우리가 이긴 것은 다른 팀보다 재능이 뛰어나서가 아니다. 비결은 인내력이었다. 다른 팀들이 휘청거릴 때도 우리는 여전히 기운이 넘쳤다. 인내의 보상이 곧 찾아온다는 것을 알았다면 그토록 불평하지는 않았을 것이다. 뒤에서 감독님을 욕하지 않고 오히려 고마워했을 것이다.

영적 영역에서도 마찬가지다. 인내는 쉽지 않지만 결국 큰 보상을 낳는다. 그래서 바울과 야고보는 우리에게 아무리 힘들어도 포기하지 말라고 권고했다. 그것은 포기하고 도망치는 사람들과 끝까지 참는 사람들의 결말이 어떻게 달라지는지 정확히 알았기 때문이다. 인내하는 자는 모두가 무너지는 시련 속에서도 끝까지 살아남을 수 있다(롬 5:3-5; 약 1:2-4 참조).

확신, 용기

인내는 바벨론에서 생존하기 위해 반드시 필요한 정신적 강인함인 확신과 용기를 낳는다. 예전에 두려워했던 것을 극복하면 확신과 용기가 한 차원 더 높아진다.

물론 헛된 자신감과 허세는 허상에 불과하다. 현실의 적이 나타나자마자 사그라진다. 하지만 인내 끝에 얻은 진짜 확신과 용기는 다르다. 이런 확신과 용기는 깊은 호수처럼 고요하다. 적이 나타나거나 전투에서 패해도 변함없이 잔잔하다. 오랫동안 숙성된 확신과 용기는 한두 번의 실패로 흔들리지 않는다.

베테랑 팀이 미숙한 팀과 중요한 경기에서 맞붙을 때마다 이기는 건 다 이유가 있다. 그것은 경험에서 나오는 자신감과 용기 덕분이다. 베테랑들은 한두 번의 오심이나 역전을 당하더라도, 심지어 큰 점수 차이로 뒤져도 얼마든지 극복할 수 있다는 걸 알고 있다. 그래서 두려워하지 않는다. 그들은 이기는 법을 안다. 수많은 상처와 트로피가 그것을 증명한다.

반면, 경험이 미숙한 팀은 한 번 밀리면 정신을 차리지 못한다. 한두 번 실수하거나 역전을 당하면 급속도로 무너져 내린다. 처음의 자신만만하던 모습은 온데간데없이 사라지고 얼굴이 잿빛으로 변한다.

감독의 지시를 다 잊어버린 채 우왕좌왕한다. 심지어 같은 편끼리 싸우기도 한다.

하지만 패배는 끝이 아니다. 마음만 바꾼다면 패배는 오히려 승리의 발판이 될 수도 있다. 모든 것은 마음먹기에 달려 있다. 자신을 탓하지 않고 남이나 운을 탓하면 평생 패배할 수밖에 없다. 하지만 상처를 싸매고 자신을 깊이 들여다본 뒤에 부족한 부분을 채우려고 노력하면 쓰라린 패배가 미래의 우승으로 가는 중요한 발판이 될 수 있다. 사실, 챔피언들도 큰 무대에 처음 나왔을 때는 어처구니없는 실수를 했다.

영적 영역도 다르지 않다. 한 번 실패했다고 해서 자신을 실패자로 낙인찍을 필요가 없다. 남이나 운을 탓하면서 스스로 실패를 책임지지 않으면 계속해서 실패할 뿐이다. 하지만 실패를 겸허히 인정하고 다시 운동장으로 나오면 실패는 미래의 성공을 위한 중요한 발판이 될 것이다.

성경의 위인들도 대부분 한 번 이상의 큰 실수를 저지른 적이 있다는 사실을 잊지 말라. 그들이 보통 사람들과 달랐던 점은 실패자라는 시선으로 자신을 바라보지 않았다는 것이다. 그들은 하나님께 화를 내거나 환멸에 빠지는 대신 회개하고 그분께로 돌아갔다. 그러자 하나님은 패자를 승자로 변화시키셨다.

지금 하나님은 우리에게도 그것을 원하신다. 과거에 어처구니없는 실수를 저질렀는가? 실패의 늪에서 허우적거리고 있는가? 상관없다. 우리의 상처와 실패가 스스로 자초한 것이든 무고하게 피해를 입은 것이든 상관없이 하나님은 실패의 조각 하나하나를 새롭게 맞춰 트로피로 만들어 주신다. 그렇게 하나님은 측량할 수 없이 깊고 넓은 은혜와 긍휼을 베풀어 주신다.

하지만 그러기에 앞서 하나님은 우리를 신병 훈련소로 보내신다. 그곳에 들어가야만 우리는 적을 맞아 용감하게 싸울 수 있는 용기와 확신을 기를 수 있다. 물론 훈련은 별로 즐겁지 않다. 때로는 지독히 고통스러울 수도 있다. 그러나 전쟁 준비를 제대로 하려면 훈련밖에 다른 방법이 없다. 그래서 히브리서 기자는 이렇게 말했다.

> 무릇 징계가 당시에는 즐거워 보이지 않고 슬퍼 보이나 후에 그로 말미암아 연단받은 자들은 의와 평강의 열매를 맺느니라 그러므로 피곤한 손과 연약한 무릎을 일으켜 세우고(히 12:11-12).

그러니 끝까지 버티라. 당장은 아무리 힘들어도 하나님은 결코 당신을 잊으신 게 아니다. 하나님은 전체 계획을 세우셨으며 한 치의 오차도 없이 그 계획대로 추진하신다. 지금 하나님은 바벨론과 같은 환경을 위해 당신을 준비시키시는 것인지도 모른다. 만약 그렇다면 그 훈련의 목적은 단순한 생존이 아니다. 하나님은 지금 번영의 기틀을 마련하시는 것이다.

Part 3.

소망으로 무장하라,

세상에 맞설 용기를 얻을 것이다

Thriving in Babylon

1

■
■
■

소망은

순종의 한 발자국에서 시작된다

■

고난은 바벨론에서의 삶을 위해 다니엘을 준비시켰다. 하지만 그가 바벨론에서 번영할 수 있었던 것은 소망과 겸손, 지혜 덕분이었다. 이 세 가지에서 각각 용기와 신뢰, 전체를 보는 시각이 흘러나왔다.

이 세 가지 강력한 품성을 빼면 다니엘은 그저 희생자에 불과했을 것이다. 이 세 가지가 있었기에 그는 더없이 열악한 환경 속에서도 놀라운 영적 영향력을 발휘할 수 있었다.

이제부터 소망과 겸손과 지혜를 자세히 살펴보자. 소망, 겸손, 지혜는 과연 무엇인가? 이 세 가지가 주변 사람들과 악에 대한 다니엘의 태도에 어떤 영향을 끼쳤는가? 어떻게 해야 이 세 가지를 기를 수 있을까? 이런 질문을 탐구해 보자.

먼저 '소망'부터 살펴보자. 소망은 다니엘이 놀라운 확신과 용기를 품을 수 있었던 비결이었다.

: 성경적 소망은 절대적인 확신이다

다니엘은 소망의 사람이었다. 그런데 내가 다니엘이 품었던 소망의 중요성을 이야기하면 무슨 말인지를 제대로 알아듣는 사람이 거의 없다. 하나같이 다니엘이 품었던 것과 전혀 다른 소망을 떠올린다. 그것은 사람들이 멍청해서가 아니다. 내가 말을 잘못해서도 아니다. 우리가 서로 다른 정의를 사용하는 것이 문제다.

같은 단어라도 사람에 따라 다른 의미로 받아들일 수 있다. 예컨대, 강도가 "죽인다"라고 말하는 것은 정말로 죽인다는 뜻이지만 좋은 물건을 보고 "죽인다"라고 말하는 건 아주 멋지다는 뜻이다. 고등학생 자녀가 부모에게 친구들은 '모두' 파티에 간다고 말하는 것은 '대부분의' 친구가 간다는 뜻이다. 하지만 부모가 '모든' 친구가 파티에 가지는 않는다고 말할 때는 말 그대로 모두를 의미한다.

또 언어는 시간에 따라서도 변한다. 지금까지도 변했고 앞으로도 계속 변할 것이다. 그래서 우리는 때마다 성경을 새롭게 번역해야 한다. 물론 성경의 원문은 변하지 않지만, 원문을 각 나라의 언어로 번역할 때 사용하는 언어는 시간에 따라 변한다. 따라서 시간에 따라 변하는 미묘한 차이를 감안해서 새롭게 번역하지 않으면 성경을 본래 의도와 다르게 읽을 수 있다.

예를 들어, 오늘날 사람들이 사랑의 장으로 유명한 고린도전서 13장을 옛 킹제임스 역본으로 읽으면 본래 의도와 다르게 해석할 수밖에 없다. 마치 가난한 사람들을 도우라는 의미로 해석하게 된다. 이 장은 희생적인 사랑(charity)의 중요성을 강조한다. 그런데 언어의 역사를 모르는 독자가 킹제임스 성경을 읽으면 이 장이 남들을 사랑하라는 내용인지 전혀 알 수 없다. 그것은 킹제임스 성경이 처음 출판된 1600년대의 셰익스피어 영어에서는 'charity'가 남들을 먼저 챙기는 희생적인 사랑을 의미했기 때문이다. 당시의 독자들은 고린도전서 13장의 의미를 정확히 이해했다. 하지만 수세기가 지난 지금, 'charity'의 의미는 훨씬 더 좁아졌다. 지금 이 말은 가난한 사람들에게 음식이나 옷, 돈을 주는 자선만을 의미한다.

'소망'이란 단어에도 그런 문제가 있다. 오늘날 소망은 다니엘이 품었던 성경적인 소망과 전혀 다른 의미로 변해 버렸다. 이제 소망은 주로 바람('멋진 휴가가 되었으면 좋겠어!')이나 긍정적인 사고('희망의 끈을 놓지 마. 이겨 낼 수 있어!')를 의미한다.

하지만 다니엘의 소망은 바람이나 긍정적인 사고와 상관없었다. 다니엘은 만사가 잘 풀렸으면 좋겠다고 바라지(wish) 않았다. 만사가 잘 풀릴 것이라고 마음에 그리지(visualize) 않았다. 그는 (수학적 사실을 아는 것처럼) 만사가 잘 풀릴 것임을 '알았다'(knew). 다니엘은 세상만사를 하나님이 통제하신다는 사실을 알았다. 그래서 아무것도 두려워하지 않았다. 심지어 한 치 앞도 모르는 상황에서도 그는 걱정하지 않았다.

다니엘은 성경적인 의미의 소망을 품었다. 그는 하나님의 인격과 주권을 깊이 신뢰하고 거기에 인생을 걸었다. 그리고 바로 그런 소망의 눈으로 주변 상황을 판단하고, 결정을 내리고, 행동했다.

사도 바울이 예수님의 재림을 두고 말한 "복스러운 소망"이 바로 이런 소망을 뜻한다. 이 소망은 복권 당첨을 기대하는 것처럼 예수님의 재림을 기대하는 것을 의미하지 않는다. 이것은 예수님이 돌아오실 것임을 완전히 확신하는 것을 의미한다. 이것은 삶의 방식과 우선순위, 도덕 기준을 바꾸고 심지어 그리스도의 이름을 위해 기꺼이 목숨을 내놓을 정도로 강하게 확신하는 것을 의미한다(딛 2:12-13 참조).

사도 베드로도 매우 비슷한 의미로 "소망"이란 단어를 사용했다. 그는 사람들이 우리가 품은 소망에 관한 이유를 물을 때 언제나 대답할 수 있도록 미리 준비하라고 말했는데, 그가 말한 소망은 예수님이 메시아일지도 모른다는 기대를 말하는 게 아니다. 그 소망은 예수님이 메시아라는 '절대적인 확신'을 의미한다(벧전 3:15 참조).

: 그리스도와 동행할수록 점점 솟아나는 것

이런 소망은 하루아침에 얻을 수 있는 것이 아니라 그리스도와 동행할수록 점점 자라난다. 이것은 성경을 공부하거나 신학을 배우거나 부정적인 생각을 차단해야 한다는 사실을 머리로 안다고 해서 얻을 수 있는 게 아니다. 하나님과 깊이 동행하면서 그분의 인격과 능력과 신실하심을 직접 경험할 때 솟아난다.

소망은 믿음의 한 발자국에서 시작된다. 우리가 하나님을 믿고 하나님이 그분을 부지런히 찾는 자에게 상 주신다는 사실을 신뢰하고 과감히 행동할 때, 그분의 역사가 나타난다(히 11:6 참조). 우리가 하나님을 믿고 하나님의 뜻대로 따르면, 그분이 반드시 일을 이루어 주신다. 그리고 그런 일이 일어날 때마다 그분의 능력과 신실하심에 대한 우리의 확신은 점점 커진다.

얼핏 하나님에 대한 다니엘의 확신은 처음부터 굳건했던 것처럼 보인다. 그의 책이 첫 구절부터 세상만사를 통치하시는 하나님의 주권을 강력하게 선포하기 때문이다. 다니엘이 바벨론 군대에 포위된 상황을 묘사하는 대목은 담담하기 그지없다. 공포의 흔적 따위는 찾아볼 수 없다. 절망의 분위기도 없다. 하나님을 의심하지도 않는다. 그저 하나님이 예루살렘을 느부갓네살의 손에 넘기셨다는 간단한 기록만 있을 뿐이다.

> 바벨론 왕 느부갓네살이 예루살렘에 이르러 성을 에워쌌더니 주께서 유다 왕 여호야김과 하나님의 전 그릇 얼마를 그의 손에 넘기시매 그가 그것을 가지고 시날 땅 자기 신들의 신전에 가져다가 그 신들의 보물 창고에 두었더라(단 1:1-2).

하지만 우리는 다니엘서는 일기가 아니라는 점을 알아야 한다. 다니엘서는 인생 말년에 쓴 책이다. 다니엘서의 서두는 사건 당시에 기록한 일기의 발췌문이 아니다. 그것은 몇십 년 뒤에 다니엘이 완숙한 시각으로 과거를 돌아보며 쓴 글이다.

거대한 바벨론 군대가 처음으로 예루살렘에 모습을 드러냈을 때, 다니엘도 아마 두려움과 절망에 휩싸였을 것이다. 외국 군대가 쳐들어와 사람들을 죽이고 마을을 약탈할 때 얼마나 무서웠을지 상상해 보라. 다니엘도 사람이니 필시 그런 두려움을 느꼈을 것이다.

청년 다니엘이 노인 다니엘처럼 하나님의 주권을 분명히 봤을 가능성은 거의 없다. 하지만 순종의 행위가 하나씩 더해질 때마다 하나님에 대한 다니엘의 확신은 점점 자라났다. 그래서 훗날 사자 굴에 던져질 때(대부분의 주일학교에서 묘사하는 것과 달리 이 당시의 다니엘은 건장한 청년이 아니었다)는 하나님의 계획을 굳게 믿을 만큼 영적으로 성숙해져 있었다. 자신이 죽을지 살지는 알 수 없었지만 어떤 경우든 하나님의 뜻이 이루어지고 악이 패하리라 확신했다.

: 순종을 시작하라

다니엘의 경우, 큰 소망으로 가는 여정은 단순한 순종 하나로 시작됐다. 그것은 어떤 결과가 따르더라도 하나님이 명하신 음식법을 지키기로 결단한 것이다. 그 결단으로 다니엘은 하나님의 기적적인 개입을 처음 경험했다.

솔직히, 다니엘이 하나님의 법을 얼마나 많이 알았는지는 알 길이 없다. 다니엘은 영적으로 지독히 어두운 환경에서 자랐다. 제사장과 선지자와 백성은 하나님에게서 멀어질 대로 멀어져 있었다. 하나님이 그들을 바벨론의 손에 붙이신 것도 이런 이유였다. 따라서 다니엘은 성경과 모세의 법을 많이 몰랐을 가능성이 높다. 선지자와 제사장들이 자신도 중요하게 여기지 않는 성경을 백성에게 제대로 가르쳤을 리가 없기 때문이다.

하지만 이스라엘 역사상 가장 어두운 순간에도 널리 알려진 구약의 법이 있었다. 그것은 바로 모세의 음식법이었다. 다니엘은 그 법을 알았기에 어떤 대가가 따르더라도 그 법에 순종하기로 결심할 수 있었다.

다니엘과 세 친구는 바벨론에 도착하자마자 왕을 섬기기 위한 3년간의 특별 훈련 대상으로 뽑혔다. 이것은 좋은 대접을 받고, 왕의 식탁에서 나온 음식을 먹을 수 있다는 뜻이다. 그런데 이 음식이 모세의 음식법에서 완전히 금하는 음식이라는 점이 문제였다.

다니엘과 세 친구는 금단의 음식을 먹지 않기로 결심했다. 단, 기분 나쁘게 거절하는 대신 환관장에게 정중히 부탁했다. 환관장이 곤란하다고 말하자 그들은 채소와 물만으로 이루어진 식단으로 열흘만 시험해 보라고 제안했다. 열흘 정도는 충분히 봐줄 수 있는 시간이었다. 하나님이 환관장의 마음을 움직이신 덕분에 다니엘과 세 친구는 열흘을 허락받을 수 있었다.

그 후에 하나님이 다시 역사하셨다. 열흘이 지난 뒤 다니엘과 세 친구의 건강 상태는 다른 사람들보다 훨씬 좋아졌다. 덕분에 그들은 훈련받는 3년 내내 왕명과 상관없이 채소와 물만 먹고 살 수 있었다(단 1:8-16 참조).

하나님은 다니엘과 세 친구에게 육체의 건강만 주신 것이 아니라 지혜와 통찰력도 주셨다. 그래서 그들은 3년의 교육 과정을 수석으로 졸업했다. 그들의 수준에 근접한 사람조차 없을 정도였다.

이 일로 하나님의 능력과 신실하심에 대한 다니엘의 확신이 얼마나 강해졌을지 상상해 보라. 이 일을 겪으면서 다니엘의 소망은 전에 없이 커졌다. 그리고 여기서 끝이 아니다. 그는 그 후로도 이와 비슷한 일을 수없이 경험했다. 덕분에 말년에 다니엘의 소망과 확신은 그 어떤 인생의 풍랑에도 흔들리지 않는 경지에 이르렀다. 그는 어떤 경우에도 하나님이 다스리신다는 사실을 직접 경험해서 알고 있었다.

우리의 소망도 이와 같은 과정을 겪으며 자란다. 작은 것일지라도 우리가 깨달은 하나님의 말씀에 순종하면 하나님이 나타나신다. 그리고 이런 일이 반복될수록 우리의 소망이 자라난다. 하나님의 계획을 알 수 없는 순간에도 그분을 전적으로 신뢰할 수 있다는 사실을 앎으로써 성경적인 소망과 확신이 깊이 자리 잡는다.

좋은 소식은, 성경적인 소망이 천성적으로 강인한 사람들의 전유물이 아니라는 것이다. 이 소망은 예수님을 알고 따르는 모든 이의 권리다. 우리에게 필요한 것은 그저 믿음의 발걸음을 떼어 그 권리를 주장하는 것뿐이다. 이미 알고 있는 것에 순종하며 작은 믿음의 발걸음을 하나씩 떼기만 하면 된다.

모르는 것을 걱정할 필요가 없다. 우리가 가진 빛에 순종하기만 하면 하나님이 나타나실 뿐 아니라 더 많은 빛을 내려 주시기 때문이다. 우리가 가진 빛에 순종하면 하나님이 빛을 더 주시고, 우리가 가진 빛을 무시하면 하나님이 빛을 덜 주신다(잠 4:18; 롬 1:18-32 참조).

우리가 한 걸음씩 내딛을 때마다 소망과 확신이 점점 자란다. 하나님이 우리 문제를 해결하시거나, 우리의 손을 잡고 골짜기를 통과해 주시거나, 골짜기 한복판에서 우리와 함께해 주실 때마다, 우리는 점점 다니엘을 닮아 간다.

2

오늘의 점수가
최종 점수가

아니다

■

나는 USC(서던캘리포니아대학교) 미식축구 팀의 팬이다. 선택의 여지가 없었다. 우리 집안은 모두 USC 미식축구 팀의 팬이다. 우리 아버지는 USC를 졸업하셔서 USC 체육부인 트로전스의 열렬한 팬이시다. 아버지에게서 옛날 선수들과 팀들에 관한 전설 같은 이야기를 수없이 들었다. 그래서 오래전 필드를 지배했던 영웅들의 이름이 내 마음속에 깊이 박혀 있다. 아버지가 실제로 나를 경기장에 데려갔을 때는 너무 좋아서 날아갈 것만 같았다. 경기장 안의 뜨거운 열기는 그야말로 나를 녹아 버리게 했다.

스포츠팬이라면 다 마찬가지겠지만 나는 우리 팀이 지는 것이 정말 싫다. 그중에서도 절대 져서는 안 되는 경기들이 있다. USC 미식축구 팀 팬에게 가장 중요한 경기는 두 가지다. UCLA(캘리포니아대학교 로스앤젤레스 캠퍼스)와의 도시 간 라이벌 경기와 노터데임대학교와의 격돌이 그것이다. 특히, 1년마다 한 번씩 벌어지는 노터데임대학교와의 경기에서 질 때는 정말로 가슴이 찢어지는 것 같다.

그렇다고 USC 팬들이 노터데임대학교의 파이팅 아이리시를 미워하는 건 아니다. 두 팀은 서로 미워하는 라이벌 관계가 아니다. 오히려 서로를 매우 존중한다. 두 팀은 1926년부터 시합을 치러 왔다. 내가 이 글을 쓰는 지금, 두 팀은 22번의 전국 챔피언십과 14번의 하이즈먼 트로피를 사이좋게 반씩 나눠 가졌다. 역대로 가장 높은 시청률을 기록한 대학 미식축구 경기 열 개 중 다섯 개가 USC와 노터데임대학교의 경기였다. 매년 벌어지는 USC와 노터데임대학교의 격돌은 대학 미식축구 최대의 경기로 꼽힌다. 이 경기는 다른 어떤 경기와도 비교할 수 없다. 그래서 USC 트로전스 팬들은 이 경기에서 지는 것을 너무나 싫어한다.

두 대학이 벌인 경기는 대부분 내 기억 속에 생생히 남아 있다. 특히, 종료 휘슬 직전에 극적으로 승리를 거두거나 참패한 경기는 절대 잊을 수가 없다. 그중에서도 한 경기가 내 뇌리에 깊이 박혀 있다. 그것은 위대한 경기였을 뿐 아니라 내게 말할 수 없이 중요한 영적 교훈을 가르쳐 준 경기였다.

때는 2005년이었다. USC 트로전스는 27경기 연승 행진을 이어 가고 있었다. 당시 트로전스는 전국 여론 조사에서 가장 유력한 우승 후보로 꼽히고 있었다. 트로전스가 또다시 전국 챔피언에 등극할 것이 확실해 보였다. 하지만 파이팅 아이리시도 만만치 않았다.

경기는 노터데임대학 홈경기로 이루어졌다. 경기장은 장내가 떠나갈 듯 응원하는 노터데임 팬들로 가득 찼다. 경기 내내 트로전스는 우왕좌왕하는 모습을 보였다. 결정적인 순간에 공을 빼앗겨서 천금 같은 득점 기회를 날린 게 한두 번이 아니었다. 분명 객관적인 실력은 트로전스가 더 뛰어났는데 그날은 전혀 다른 팀 같았다.

경기 종료를 불과 2분 앞두고 파이팅 아이리시가 결정적인 터치다운을 성공시켰다. 시간이 거의 남지 않은 상황에서 31대 28로 앞서가자 아이리시 팬들은 광분했다. 반대로, 트로전스 팬들이 모인 구역은 쥐 죽은 듯이 조용했다.

하지만 나는 그 상황에서도 실낱같은 희망을 품고 있었다. 하긴, 그래야 열혈팬이라고 할 수 있지 않겠는가.

'혹시 알아? 기적적인 킥오프 리턴 터치다운으로 경기가 뒤집힐지. 실제로 그런 일이 일어나곤 하잖아. 그런 일이 우리에게, 그리고 오늘 일어나지 말란 법은 없잖아.'

하지만 그런 일은 일어나지 않았다. 기적적인 킥오프 리턴 터치다운 대신 트로전스는 자기 지역에 꽁꽁 묶여 있었다. 설상가상으로 아이리시 라인맨이 태클을 하는 바람에 트로전스 쿼터백 매트 라인아트는 뒷걸음질 치다가 다급하게 패스를 해 버렸다. 그래서 마지막 몇 초를 남기고 트로전스는 오히려 더 뒤로 밀려났다.

파이팅 아이리시 팬들은 난리가 났다. 아이리시 선수들은 가슴을 치며 승리를 확신했다. 아이리시 팀의 마스코트 요정 은 손을 짚고 옆으로 재주를 넘으며 필드를 가로질렀다.

얼마나 약이 오르던지. 지금까지도 그 장면을 머릿속에서 지울 수가 없다. 텔레비전으로 그 장면을 볼 때마다 리모컨을 집을 수밖에 없다. 채널을 돌리기 위해서가 아니다. 그 장면에서 멈춤 버튼을 눌렀다가 느린 화면으로 재생하기 위해서다.

그 장면을 볼 때마다 나는 어디서 블로킹이 깨졌는지 분석한다. 또 라인아트가 왜 그토록 패스할 리시버를 찾지 못했는지 자세히 살펴본다. 하지만 무엇보다도 이 장면을 보는 것은 노터데임 선수들과 팬들이 느꼈을 절정의 감동을 다시 한 번 되새기기 위함이다.

아이리시 선수들이 가슴을 몇 번이나 두드리는지, 마스코트 요정이 재주를 몇 번이나 넘는지 센 뒤에도 나는 계속 화면을 본다.

자학하기 위해서가 아니다. 패한 원인을 되짚어 보기 위해서도 아니다. 경기가 어떻게 끝나는지 알기 때문이다. 라인아트는 태클을 당하고 나서 두 번의 공격이 지나간 뒤 네 번째 공격에서 드웨인 자렛에게 61야드의 긴 패스를 성공시켰다. 그리고 자렛은 이 패스를 받아 레기 부시의 도움으로 골라인을 넘었다.

다시 말해, 우리 편이 이겼다. 이 사실을 알면 모든 것이 달라진다. 소리를 지르면서 리모컨을 던지게 만들었던 경기가 더는 나를 화나게 하지 못한다. 경기 후반에 노터데임이 터치다운을 성공시켜도 이제 나는 전혀 동요하지 않는다. 10야드 후퇴에도 그저 미소만 지을 뿐이다. 이 모든 난관은 곧 이어질 기적을 더욱 빛나게 할 뿐이다.

그때 문득 이런 생각이 들었다. 우리는 삶의 경기가 어떻게 끝나는지 이미 알고 있지 않은가. 그렇다면 원수의 일시적인 승리와 전진을 바라보는 우리의 시각과 반응이 달라야 하지 않겠는가.

우리는 죄를 용서받고 미래를 보장받았다. 우리는 예수님과 함께 공동 상속자가 되었으며 그분이 반드시 돌아와 잘못된 모든 것을 바로잡으실 것임을 알고 있다. 그렇다면 최근 대법원의 그릇된 결정이나 우리 사회의 도덕적 부패에 절망할 이유가 무엇인가. 그런 반응은 우리 그리스도인들에게 어울리지 않는다.

몇 년 전 선거 결과가 교인들의 바람대로 나오지 않았을 때 교회 안의 분위기가 심각했던 것이 기억난다. 교회 안에 가득한 패배감과 절망감이 어찌나 낯설던지.

"우리 모두 졌어요. 사탄이 이겼어요. 하나님이 드디어 적수를 만나셨습니다. 다들 어서 가서 숨으세요."

그때 내가 이렇게 말했다면 사이비 교주 취급을 받아 마을에서 쫓겨났을 게 분명하다. 하지만 다들 입 밖으로 내지는 않았지만, 행동과 감정으로 그렇게 말하고 있었다.

그런 일이 그때가 처음이자 마지막이라면 그나마 다행이겠지만 그렇지 않다. 믿지 않는 사람들이 우리 교회의 복도나 소그룹 모임에서 오가는 대화를 듣거나 우리 교인들의 이메일과 문자 메시지, 블로그 글을 읽으면, 세상만사를 다스리시는 하나님의 주권을 믿는다고 주장하는 사람들이 전혀 그것을 믿지 못하는 것처럼 행동하고 말하는 모습에 고개를 갸웃거릴 게 분명하다.

선거나 법 집행, 문화, 도덕 측면에서 세상이 이기는 것처럼 보이는 현실이 안타깝지 않다는 말은 전혀 아니다. 경건하지 못한 삶을 사는 사람들이 역할 모델로 칭송받는 반면, 정통 기독교 교리들은 조롱받고 성경의 가치들이 오히려 위법이 되는 현실은 분명 슬프기 그지없다.

하지만 그것이 이야기의 끝은 아니다. 원수가 궁극적인 패배로 가는 길에서 잠시 승리를 거둔 것일 뿐이다. 오늘의 점수는 최종 점수가 아니다. 그 무엇도 하나님의 사랑과 그분이 우리를 위해 예비하신 영광스러운 영생에서 우리를 떼어 놓을 수 없다(롬 8:31-39 참조).

그리고 이 사실을 안다면 주변에서 일어나는 일을 해석하고 거기에 반응하는 방식이 완전히 달라져야 한다. 심지어 참을 수 없을 만큼 악한 일 앞에서도 좌절할 이유가 전혀 없다. 승리가 보장된 자에게 두려움과 염세주의는 어울리지 않는다.

: 순종이 무용지물처럼 보이는 상황에서도

고향 땅이 유린되는 광경에 다니엘이라고 기분이 좋았을 리가 없다. 바벨론 군대가 승리하고 자신의 삶이 완전히 뒤바뀌는 상황 앞에서 그 역시 비통을 금치 못했을 것이다. 하지만 다니엘에게는 하나님의 약속이 있었다. 그리고 그 약속 덕분에 그는 중요한 선택을 할 수 있었다.

다니엘은 믿음의 렌즈로 자신의 상황을 바라보기로 선택했다. 그는 느부갓네살의 승리가 아닌 하나님의 약속이라는 관점으로 살아가기로 결심했다.

다니엘은 이스라엘이 하나님의 명령에 순종하지 않으면 외국 열강들의 손에 넘어갈 것이라는 경고 메시지를 익히 알고 있었다. 그래서 느부갓네살이 예루살렘을 파괴하고 자신과 친구들을 머나먼 바벨론으로 데려갔을 때 그것을 하나님의 뜻으로 받아들였다.

하지만 다니엘이라고 해서 그 상황이 즐거웠던 것은 아니다. 필시 그도 조국과 자신의 슬픈 현실에 수없는 밤을 뜬눈으로 지새웠을 것이다.

그럼에도 불구하고 하나님의 궁극적인 선하심과 능력에 대한 그의 믿음은 일시적인 슬픔이나 혼란보다 훨씬 더 강했다. 이해할 수 없는 상황 한복판에서도 그는 이 세상을 통제하는 분이 하나님이심을 믿고 그 믿음에 따라 행동했다(신 28-30장; 단 1:1-2; 롬 13:1 참조).

다니엘은 징계의 때가 끝나면 하나님이 그분의 백성을 회복시키고 압제자들을 심판하신다는 약속도 알고 있었다. 그래서 그는 바벨론의 일시적인 승리를 하나님의 뜻으로 받아들일 수 있었다. 다니엘은 믿음의 눈으로 하나님이 그분의 백성을 큰 복의 자리로 다시 불러주실 날을 바라볼 수 있었다.[1]

세상이 득세할 때 우리가 품어야 할 시각은 바로 믿음의 시각이다. 오직 믿음의 시각을 통해서만 혼란 속에서 하나님의 질서를 볼 수 있다. 순종이 무용지물처럼 보이는 상황에서도 우리는 믿음의 시각을 잃지 말아야 한다. 위대한 믿음의 영웅들은 하나같이 이런 관점으로 자신의 삶과 눈앞의 고난을 바라보았다.

아브라함을 생각해 보라. 아들 이삭을 하나님께 제물로 바치기 위해 터벅터벅 산을 올라갈 때 그의 심정이 얼마나 괴로웠겠는가. 정말 혼란스러운 상황이었다. 아니, 솔직히 말해 화가 나는 상황이었다. 아무리 생각해도 하나님의 명령은 불합리하고 비상식적이었다. 뭔가 숨은 뜻이 있는 것 같지도 않았다. 명령은 지극히 간단했다. 아들을 산으로 끌고 가서 죽이라!

그러나 동시에 하나님은 아브라함의 후손이 셀 수 없이 많아질 것이라고 분명히 약속하셨다. 하나님은 언젠가 그의 혈통에서 위대한 나라가 나타날 것이라고 말씀하셨다.

솔직히 아브라함으로서는 이 약속과 눈앞의 현실 사이에서 도무지 합일점을 찾을 수 없었을 것이다. 아무리 생각해도 이 둘은 서로 모순이었다. 죽은 아들에게서 위대한 나라가 탄생하는 일은 완전히 불가능하다.

하지만 아브라함은 믿음의 시각으로 자신의 상황을 보고 그에 따라 행동하기로 선택했다. 순종의 길이 어리석어 보일지라도 그는 꿋꿋이 그 길로 갔다. 명령과 약속의 모순을 해결하는 것은 자신의 일이 아니라 하나님의 일임을 알았기 때문이다. 혹시 그는 하나님이 이삭을 죽였다가 살리실 거라고 예상했던 게 아닐까? 하지만 생각해 보라. 그때는 나사로와 예수님처럼 하나님이 죽은 자를 살리신 전례가 없었다(히 11:17-19 참조).

오늘 우리도 똑같은 선택의 기로에 서 있다. 물론 우리가 아브라함처럼 비통하고 혼란스러운 상황에 놓인 것은 아니지만, 하나님을 믿을지 믿지 않을지 선택해야 한다는 점만큼은 똑같다. 하나님의 명령이 불합리해 보일 때, 순종의 길이 상황을 더 악화시킬 것만 같을 때, 우리는 선택해야 한다.

믿음의 시각을 통해 현재의 상황을 해석하고 그에 따라 행동할 것인가? 아니면 현재 상황을 통해 우리의 하나님을 해석할 것인가? 궁극적으로 이것은 누구를 믿을 것인가의 문제다.

: 누구를 믿을 것인가

사탄과 그 졸개들은 거짓말쟁이다. 그들은 현재의 승리가 최종 승리의 증거라고 허풍을 떤다(요 8:44 참조). 하지만 예수님은 다 허튼소리라고 말씀하신다. 예수님은 지옥문은 절대 이길 수 없으며 언젠가 다시 돌아오셔서 하나님 나라를 세우고 사탄과 그 졸개들을 영원한 지옥 불로 쫓아낼 거라고 약속하셨다.

당신은 둘 중 누구를 믿으려는가?

지옥문

예수님은 그분의 교회를 세울 것이며 지옥문(개역개정 성경에는 "음부의 권세"로 번역되어 있다 - 옮긴이)이 그 교회를 이기지 못할 것이라고 약속하셨다(마 16:18 참조). 이 약속을 모르는 교인은 별로 없다. 이 구절을 외우는 교인도 꽤 많다.

하지만 많은 사람이 이 약속의 의미를 제대로 모른다. 나도 예전에는 이것이 얼마나 엄청난 약속인지를 잘 몰랐다. 나는 원수가 어떤 식으로 공격해도 우리를 무너뜨릴 수 없다는 식으로만 생각했다. 적이 맹공을 퍼붓는 동안 우리가 납작 엎드린 채 예수님께 보호받는 상황을 상상했다. 토네이도가 지나간 뒤 지하실에서 기어 나오는 생존자처럼 사탄 군대가 휩쓸고 간 뒤 겨우 살아남는 상황을 떠올렸다. 살아남은 것은 좋지만 원수의 공격 중에 입은 피해는 이만저만이 아니었다.

하지만 이것은 고대에 성문이 쓰인 목적을 잘 몰라서 생긴 오해다. 고대의 성문은 공격용 무기가 아니라 방어용이었다. 성문은 적이 들어오지 못하도록 막는 용도였다. 성문을 들고 공격하는 사람은 아무도 없었다. 그래서 예수님 당시에는 사탄이 지옥문을 들고 우리를 때린다는 식으로 생각한 사람이 아무도 없었다. 예수님 시대의 사람들은 성문의 용도를 잘 알았기 때문이다. 그들은 예수님의 말씀을 '지옥문이 우리를 공격해 와 패배시키지 못한다'는 뜻으로 이해하지 않았다. 그들은 '지옥문이 우리의 앞길을 막지 못한다'는 뜻으로 이해했다.

이 두 해석의 차이점은 엄청나다. 첫 번째 해석은 소심하고 방어적이며 생존에 급급한 삶과 신앙생활로 이어진다. 하지만 두 번째 해석은 낙관적이고 자신만만하고 도전적인 삶과 신앙생활로 이어진다. 일이 잘 풀리지 않을 때 첫 번째 해석은 두려움과 절망을 낳는다. 하지만 두 번째 해석은 현재의 점수에 상관없이 담대함과 소망으로 살아가게 한다.

요한계시록

우리에게는 요한계시록이라는 책도 있다. 물론 그 책에는 해독하기 어려운 내용이 꽤 많다. 하지만 한 가지만큼은 더없이 분명하다. 그것은 우리가 결국 이긴다는 것이다. 그냥 이기는 게 아니라 대승을 거둔다.

앞서 말했듯이 우리 교회에는 요한계시록을 설교해 달라는 사람이 많다. 그런데 그들의 말을 가만히 들어 보면 요한계시록 전체를 강해해 달라는 것이 아니다. 그들이 알고 싶은 것은 일곱 나팔이 무슨 의미이며 달이 정말로 핏빛으로 변하는가 하는 것이다. 우리 교회 근처에는 해변에 있기 때문에 서퍼들은 새 땅에도 바다가 있는지 알고 싶어 한다. 서핑을 할 수 없는 천국이라면 갈지 말지 좀 더 고민해 볼 심산이리라.

다시 말해, 사람들은 예언의 내용 하나하나가 무슨 의미인지 알기를 원한다. 그래서 내가 요한계시록의 주목적은 우리의 호기심을 채워 주는 게 아니라고 말하면 다들 실망스러운 표정을 짓는다.

요한계시록은 우리에게 미래의 상황을 일일이 알려 주기 위해 쓴 책이 아니다. 마지막 날을 사는 사람들에게 필요한 것은 불가사의한 상징의 의미를 해독하는 능력이 아니다. 예수님이 오셔서 (요한계시록 못지않게 불가사의했던) 구약의 메시아 예언들을 이루심으로써 그 의미가 확실히 드러났던 것처럼, 요한계시록의 예언도 때가 되면 다 알게 될 것이다(벧전 1:10-12 참조).

그 전까지 우리는 요한계시록을 통해 한 가지만큼은 확실히 알 수 있다. 예수님이 영원한 나라를 세우기 위해 돌아오실 것이다. 그때 제자들의 억울함을 풀어 주시고 사탄과 의의 적들을 전멸시키실 것이다. 이 사실을 알면 현실을 해석하고 그에 반응하는 방식이 완전히 달라질 수밖에 없다. 현실이 아무리 암울하고 혼란스러워도 우리는 조금도 흔들리지 않는다. 경기가 어떻게 끝날지 분명히 알기 때문이다. 이것이 내가 현재의 점수에 상관없이 항상 낙관론자로 살아가는 이유다.

3

생각의 입력이

감정의 출력을 정한다

■

일전에 친구가 내게 물었다. "비결이 뭔가?"

"무슨 비결?"

"항상 활기찬 비결 말이네. 세상 돌아가는 일을 다 알면서도 어떻게 걱정하지 않을 수 있지?"

"아주 간단해. GIGO의 법칙을 항상 기억하면 돼."

GIGO는 '잘못된 데이터를 입력하면 잘못된 결과가 나온다'(**g**arbage **i**n, **g**arbage **o**ut)라는 뜻이다. 오늘날에도 마찬가지다. 최신 컴퓨터가 아무리 성능이 좋아도 잘못된 숫자를 입력하면 잘못된 답이 나올 수밖에 없다. 나는 친구에게 걱정이 많은 이유는 입력 문제 때문이라고 말해 주었다. 그 친구는 나쁜 소식과 걱정스러운 정보를 흡수하는 블랙홀처럼 변해 있었다. 미국을 넘어 전 세계의 정치적, 경제적, 문화적, 영적 몰락을 담은 뉴스들이 점점 그를 낙심으로 몰아갔다. 결국 그는 밤에 잠도 잘 이루지 못할 지경에 이르렀다.

나는 그에게 현재 읽거나 듣거나 보는 '모든' 뉴스와 사건, 문화 소식 등을 4주만 끊으라고 제안했다. 기독교 방송이든 일반 방송이든 상관없이 현재의 사건이나 문화를 분석하는 모든 미디어를 끊으라고 말했다. 텔레비전이나 라디오, 잡지, 인터넷까지 세상의 의견이 들어오는 모든 창구를 닫으라고 했다. 그 말에 친구의 입이 떡 벌어졌다.

"그러면 세상에서 무슨 일이 일어나는지 어떻게 알아?"

나는 뉴스를 봐도 좋지만 인터넷으로만 읽되 분석이 들어가지 않은 순수한 뉴스만 봐야 한다고 말했다. (물론 엄밀히 말해 세상에 순수한 뉴스는 없다. 아주 짧은 뉴스라 해도 기자나 편집자의 사견이 들어가기 마련이다. 하지만 내가 순수한 뉴스라고 말한 의도를 이해하리라 생각한다.)

"딱 4주만이네. 긴 휴가를 떠났다고 생각하게."

친구는 마지못해 고개를 끄덕였다.

한 달 뒤, 친구를 만나 결과를 물었다.

"너무 좋네. 잠도 잘 자고 걱정도 많이 없어졌네. 설마 내가 현실을 외면하고 있는 건 아니겠지?"

나는 그렇지 않다고 안심을 시켰다. 그의 시각과 감정 상태가 바뀐 것은 현실을 외면해서가 아니다. 그것은 문제만 지나치게 골똘히 생각하는 버릇을 고쳤기 때문이다.

: 오늘도 미디어에 묻혀 하루를 보냈는가

내 친구는 세상에서 문제가 완전히 없어질 날은 오지 않는다는 사실을 깨닫지 못하고 있었다. 우리는 타락한 세상에서 살고 있다. 그래서 매일같이 문제가 발생한다. 그런데 시청률 전쟁은 작은 문제를 큰 문제로 확대한다.

기독교 방송이든 일반 방송이든 시청률은 미디어의 젖줄이다. 시청자와 독자가 없으면 광고 매출과 제품 판매, 기부도 없다. 따라서 미디어가 매사에 시장 점유율을 확보하고 유지하려고 애쓰는 것은 너무도 당연하다. 나도 글을 쓰는 사람이기 때문에 이것을 정말 잘 안다. 내 책을 사는 사람이 없으면 출판사들이 내 책을 계속해서 출간할 이유가 없다. 텔레비전이나 라디오 프로그램, 잡지사, 사역 단체도 마찬가지다. 시청자와 독자를 확보하지 못하면 오래 버틸 수 없다.

그렇다 보니 시청률을 확보하기 위해 수단과 방법을 가리지 않는 모습이 나타난다. 이를테면 세상의 문제를 지나치게 강조하는 것이다. 공포 마케팅만큼 잘 먹히는 마케팅 방식도 없다. 두려움을 자극하면 시청자와 독자가 끊이지 않는다. 하나라도 놓칠세라 모두 귀를 쫑긋한다.

미디어와 수많은 사역 단체의 모금 담당자들은 시청자와 독자, 기부자를 확보하려면 위기가 '필요'하다는 사실을 잘 안다. 그래서 위기가 발생하지 않으면 인위적으로 만들어 낸다. 그리고 작은 위기는 큰 위기로 부풀려서 보도한다. 그러니 내 친구가 깊은 두려움에 빠진 것도 무리는 아니다. 세상 소식을 들으면 들을수록 걱정거리는 늘어난다. 그럴수록 잠 못 이루는 밤도 늘어만 간다. 이것이 바로 GIGO 법칙이다.

우리 사회와 문화, 정치권에 큰 문제가 없다는 말은 절대 아니다. 문제가 보통 심각한 게 아니다. 걱정스러운 점이 한두 가지가 아니다. 무지는 축복이 아니라 어리석음일 뿐이다. 또 무시한다고 해서 문제가 사라지지는 않는다. 하지만 매일같이 뉴스의 분석이나 토크쇼를 보는 사람들은 짜증과 분노 속에 살기 쉽다. 입력이 출력을 결정한다. 위기에 관한 미디어의 분석을 듣다 보면 그 위기 때문에 우리가 소중히 여기는 모든 것이 당장이라도 무너져 내릴 것만 같다. 그래서 미디어에 묻혀 살면 소망을 잃을 수밖에 없다. 문제의 크기에 시선을 고정하면 우리 하나님의 크기를 잊어버리게 된다.

: 계속해서 입력해야 할 가장 중요한 정보

하나님은 그분을 사랑하고 그분의 목적에 따라 부름받은 자들을 위해 모든 것이 합력하여 선을 이룬다고 약속하셨다. 그렇다고 세상에서 일어나는 모든 일이 선하다는 뜻은 아니다. 하나님이 그분의 선한 목적을 위해 구속하거나 극복하시기에 불가능한 일은 없다는 뜻이다(롬 8:28-29 참조).

하나님은 저주받은 금요일을 성금요일로 바꾸셨다. 예수님을 십자가에서 죽인 일은 전무후무할 정도로 악한 행위였고 악의 승리였다. 하지만 3일만에 모든 상황이 바뀌었기 때문에 오늘 우리는 주일마다 그 사건을 축하한다. 하나님은 한 명만 빼고 모든 사도가 순교를 당하게 허락하셨다. 그래서 당시에는 기독교 운동이 완전히 망한 것처럼 보였다. 하지만 순교자들의 피는 교회의 씨앗으로 변했다. 그리고 언제나 그렇듯 사탄의 승리처럼 보이는 상황은 사실 사탄이 최종적인 패배로 한 걸음 더 나아간 것에 불과했다.

지금도 마찬가지다. 우리 하나님은 여전히 만사를 다스리신다. 완전한 패배처럼 보이는 상황 속에서도 하나님이 여전히 역사하신다. 하나님께 뜻밖의 상황이란 없다. 그리고 하나님은 결코 패하지 않으신다.

중국이 무신론 공산주의자들에게 전복되었을 때 상황이 얼마나 암담했는가. 악인들이 이긴 것처럼 보였다. 선교사들은 추방됐고 그리스도인들은 극심하게 핍박받았다. 복음은 지하로 숨어들어가 바깥세상 그 어디에서도 들리지 않는 것처럼 보였다. 서구인들은 공산주의의 붉은 파도가 지구 전체를 뒤덮을까 두려워하며 몸을 떨었다.

하지만 마오쩌둥 세력이 악하게 벌인 일을 하나님은 오히려 선하게 사용하셨다. 결국 무신론 공산주의의 영적 허점이 만천하에 드러났다. 그뿐만 아니라, 들리지 않는 것만 같던 복음이 실상은 활기찬 지하 교회 운동으로 크게 울려 퍼지고 있었다. 중국이 서양 선교사들에게 문을 열었던 복음의 황금기보다도 복음의 소리가 오히려 더 크게 울려 퍼지고 있었다.

지금도 마찬가지다. 우리 사회가 도덕적, 문화적으로 부패하는 것은 하나님이 전혀 예측하시지 못한 현상이 아니다. 또 그것은 하나님의 구속하시는 능력 밖에 있는 현상도 아니다. 하나님은 이미 계획을 세우셨고, 그 계획은 그 어떤 경우에도 무산되지 않는다.

내가 하나님의 계획을 이해할 수 없을 때도 있고, 그분의 타이밍이 마음에 들지 않을 때도 있다. 하지만 지나고 나서 보면 언제나 하나님이 옳았다. 그래서 나는 언제나 하나님의 성품과 능력과 약속을 가장 중요한 정보로 내 머릿속에 입력하려고 노력한다. 하나님을 배제한 채 인간의 판단으로만 현재를 분석하고 미래를 예측하지 않으려고 애쓴다. 내 맘대로 계산하면 어리석은 답만 나오기 때문이다(요일 5:3-4, 19; 시 23:4-5 참조).

사도 바울도 비슷한 시각을 가졌던 게 분명하다. 바울이 빌립보 교인들에게 쓴 편지에서 그의 생각을 엿볼 수 있다. 그는 로마의 한 감옥(요즘처럼 음식이 제대로 나오고 운동 시설까지 갖춘 교도소를 생각하면 안 된다!)에서 쓴 그 편지에, 어떤 상황에서도 낙관적인 자세를 잃지 않는 비결을 공개했다.

무엇이든 두렵거나 걱정되는 일이 있으면 바울은 기도했다. 단, 상황을 바꿔 달라고만 기도하지 않고 반드시 감사할 거리를 찾아 감사했다. 그러면서 그의 편지를 읽는 이들에게도 똑같이 할 것을 권했다.

"끝으로 형제들아 무엇에든지 참되며 무엇에든지 경건하며 무엇에든지 옳으며 무엇에든지 정결하며 무엇에든지 사랑받을 만하며 무엇에든지 칭찬받을 만하며 무슨 덕이 있든지 무슨 기림이 있든지 이것들을 생각하라 너희는 내게 배우고 받고 듣고 본 바를 행하라 그리하면 평강의 하나님이 너희와 함께 계시리라"(빌 4:8-9).

다시 말해, 바울은 GIGO 법칙을 알고 삶에 적용했다. 그는 머릿속에 어떤 생각을 입력하느냐에 따라 출력되는 감정이 달라진다는 사실을 이해하고 있었다. 이것이 그가 예수님을 믿는다는 이유로 수없이 매를 맞고 감옥에 갇히고 도망자의 삶을 살면서도 다가올 복을 바라보면서 그 모든 고난을 잠시의 불편으로 여길 수 있었던 비결이다(고후 4:16-18 참조).

다니엘과 같은 용기와 바울과 같은 평안을 얻으려면 그들의 본을 따라야 한다. 친구의 말이나 미디어, 세상의 문제가 아니라 성경, 하나님의 능력에 대한 개인적인 경험, 그분의 수많은 약속을 통해 삶을 바라봐야 한다. 두려움을 부추기고 소망을 갉아먹는 공포의 목소리를 잠재우려면 계속해서 '무음' 버튼을 눌러야 한다. 궁극적으로 우리의 시각을 결정하는 것은 인생의 상황이 아니라 그 상황에 대한 우리의 '해석'이기 때문이다. 이것이 GIGO의 법칙이자 믿음의 법칙이다.

4

■
■
■

소망의 적,
영적 근시안과 건망증을
치료하라

■

컴퓨터가 처음 등장했을 때는 데이터 저장 장치와 메모리가 모두 비쌌다. 그래서 프로그래머들은 연도 표기에 두 자릿수만 사용하여 귀중한 정보를 저장했다. 이런 방식이 한동안은 아무런 문제가 없었다. 하지만 몇 십 년이 지나고 새 천 년이 다가올 무렵, 사람들은 기존 컴퓨터와 프로그램으로는 1900년과 2000년을 구분할 수 없다는 사실을 깨달았다.

이 일을 대수롭지 않게 보는 전문가도 많았지만 큰 재앙의 신호로 보는 사람들도 많았다. 그들은 기존 컴퓨터와 프로그램이 제대로 작동하려면 정확한 데이터가 있어야 한다고 판단했다. 그래서 시계가 2000년 1월 1일 0시를 치면 전 세계적으로 고장과 오류가 나타날 것이라고 예측했다.

그들은 이것을 'Y2K 버그'라 이름 짓고 모든 컴퓨터가 고장 날 것이라고 주장했다. 이 버그 때문에 엘리베이터가 갑자기 멈추고, 자동차가 충돌하고, 비행기가 추락하며, 핵발전소 사고가 발생할 것이라고 경고했다. 그들은 전 세계적인 경제 위기가 닥칠 것이라며 두려움에 떨었다.

그들의 주장은 음모론에 잘 빠지고 매사에 최악의 경우만 상상하는 사람들에게 큰 두려움을 심어 주었다. 1999년 중반 우리 교회 일각에서도 푸드 뱅크(food bank: 식품제조업체나 개인에게 식품을 기탁받아 이를 소외계층에 지원하는 식품 지원 복지 서비스 - 옮긴이)를 설립하고 Y2K에 관해 설교해서 다가올 재난에 대비해야 한다는 목소리가 높아졌다.

내가 이를 거부하자 그들은 내게 책과 테이프를 한 보따리나 보냈다. 한 저명한 기독교 인사가 등장해 미국 사회의 완전한 몰락과 전국적인 시민 불복종, 약탈, 식량 부족을 예언하는 녹화 테이프를 보고 눈살을 찌푸렸던 것이 기억난다. 심지어 그는 전 세계 경제가 몰락하고 독재자들이 그 틈을 타서 세계적인 혼란을 일으킬 것이라고 경고했다.

그때 나는 컴퓨터의 내부 클록이 매우 부정확해서 이미 적잖은 엘리베이터와 자동차가 멈췄다는 점을 지적했다가 거세게 공격받았다. 그들은 전문가까지 동원해서 내 말에 반박했다. 내가 정작 컴퓨터 프로그래머들과 정부는 크게 걱정하지 않는다는 점을 지적하자 그들은 프로그래머들과 정부가 침묵하기로 공모했기 때문이라고 주장했다. 정부가 다급히 해법을 찾는 동안 대혼란이 일어나지 않도록 문제를 은폐하고 있다는 것이었다.

어떤 이들은 클린턴 대통령이 다가올 대혼란을 이용해 계엄령을 선포하고 종신 대통령 자리에 오르기 위해 언론에서 그 문제를 다루지 못하도록 차단하고 있다고 주장했다.

이건 내가 도저히 이길 수 없는 논쟁이었다. 내가 무슨 답을 내놓아도 어김없이 반론이 날아왔다. 음모론자들과 싸우는 것은 언제나 그렇다. 결과가 나오기 전까지는 그들을 설득할 방법이 없다. 그들과 입씨름을 벌이면 항상 질 수밖에 없다. 확실한 증거가 없다는 것이 오히려 그들에게는 음모가 광범위하게 진행되고 있다는 확실한 증거다.

: 복음의 증언이 힘을 잃게 되다

그러나 막상 새 천 년의 동이 트자, 컴퓨터 고장은 별로 일어나지 않았다. 전 세계적인 재난 따위도 없었다. 이튿날 아침, BBC 방송은 곳곳에서 보고된 Y2K 문제를 모두 정리해서 보도했다. 다음은 기자가 북미에서 확인한 Y2K 문제다.

> 북미에서는 자정이 지나기도 전에 몇 가지 문제가 나타났습니다. 미국 델라웨어 주의 여러 경마장에서 약 150개의 슬롯머신이 작동을 멈췄습니다. 하지만 미국 Y2K 버그 대책 팀을 이끈 존 코스키넨에 따르면 이 문제는 해결되었다고 합니다.[1]

자, 이제 정리해 보자. 우리 교회의 음모론자들과 파국론자들은 기껏 델라웨어 주 슬롯머신 150개의 고장을 막고자 내게 Y2K에 관한 설교와 푸드 뱅크 설립을 요구한 것인가? 그런 얼토당토않은 일에 시간을 낭비하기에는 인생이 너무 짧고 지옥 불이 너무 뜨겁다. 하지만 한창 공포에 질려 있는 음모론자들과 파국론자들에게 이런 말을 해 봐야 순진한 바보 취급만 받을 뿐이다.

여기서 끝이 아니다. 그들은 정말 못 말린다. 자신의 이론이 틀린 것으로 판명 나면 기가 죽을 만도 하건만, 그들은 아랑곳없이 또 다른 이론을 내놓는다.

Y2K 이야기로 나를 괴롭힌 사람들은 대부분 지금까지도 변한 게 전혀 없다. Y2K 소동이 가라앉고 나서도 마야 달력에서부터 핏빛 달까지 온갖 문제로 호들갑을 떨었다. 그런 우려가 현실로 이루어지지 않자 이번에는 미국 정부를 무너뜨리고 독재 정부를 일으키려는 금

융 세계의 공모와 비밀스러운 계획에 관해 이야기를 꺼냈다. 지구 종말을 예언했던 해럴드 캠핑의 추종자들처럼 그들은 계속해서 리셋 버튼을 누른다. 자신들이 지금까지 수없이 틀렸다는 사실을 다 잊어버린 듯하다.

그들을 볼 때면, 틀린 예언을 한 선지자들이 선지자직에서 쫓겨나고 심지어 죽임까지 당했던 구약 시대가 그립기까지 하다(신 18:20-22 참조). 요즘에는 양치기 소년 같은 자들이 거짓말이 들통 나면 잠시 숨을 죽였다가 때가 되면 새로운 음모론을 들고 슬그머니 다시 나타난다.

안타깝게도 우리가 음모론과 파국론을 꺼낼수록 비신자들에게 신뢰를 잃고, 그 때문에 우리가 증언하는 복음까지 힘을 잃는다. 우리가 경고한 일이 실제로 일어나지 않았을 때 사람들이 우리를 양치기 소년이라 부르는 것은 정말로 당연하다. 세상 사람들이 우리 말에 귀를 닫은 것도 무리는 아니다. 십자가의 메시지와 빈 무덤의 힘을 믿는다는 이유로 어리석다는 말을 듣는 것은 그리스도인으로서 자연스러운 일이다(고전 1:18-31 참조). 하지만 만왕의 왕이 보낸 사자를 자처하면서 일어나지도 않는 일을 경고하고 존재하지도 않는 일로 두려워하는 것은 다른 문제다.

: 두려움 증폭기

음모론과 파국론은 우리의 복음 증언만 약화하는 게 아니다. 우리 자신의 영적 삶이 무너지는 것이 더 큰 문제다. 음모론과 파국론은 우리의 소망을 갉아먹고 두려움을 증폭시킨다. 예수님을 믿는다고 하면서 항상 두려움과 걱정 속에서 산다면 신앙은 공허한 메아리일 뿐이다.

음모론과 파국론에 빠져 살면 일어날 가능성이 희박한 일 때문에 걱정하는 것도 문제지만, 더 큰 문제는 설령 그런 일이 일어난다 해도 하나님이 여전히 우리와 함께 계신다는 사실을 망각하는 것이다. 우리는 시편 23편을 잘 안다. 암송할 수 있는 사람도 많을 것이다. 그렇다. 하나님은 골짜기 아래서도 우리와 함께 계신다. 결코 우리를 떠나지 않겠다는 예수님의 약속을 모르는 교인은 별로 없다. 우리가 감당할 수 있는 시험만 주신다는 하나님의 약속도 널리 알려져 있다(시 23편; 마 28:20; 고전 10:13 참조).

그러나 음모론과 파국론의 늪에 빠지면 이 모든 약속을 잊어버린다. 우리가 어떤 하나님을 따르고 있는지 잊어버리고 두려워하는 일에만 시선을 고정한다.

나아가, 지금 우리에게 있는 영적 힘으로 두려움의 대상에 맞서야 한다는 착각에 빠진다. 우리가 걱정하는 일이 실제로 일어나더라도 지금 우리에게 있는 영적 힘으로 맞설 필요가 없다는 사실을 망각한다. 하나님이 그날그날 공급하시는 힘으로 맞서면 되는 것을.

하나님은 언제나 정확한 배송 시스템을 자랑하신다. 단 하루도 늦는 법이 없다. 단 하루도 이른 법이 없다. 따라서 우리가 가장 두려워하는 일들이 한꺼번에 일어난다 해도 생각만큼 최악의 상황은 아니다. 하나님이 필요한 때에 필요한 힘을 공급해 주시기 때문이다. 하나님은 죽어 가는 사람들에게는 평안하게 죽는 은혜를 주신다. 하나님의 능력과 은혜를 창고에 보관할 수는 없다.

그럴 수만 있다면 좋겠다. 지혜와 은혜와 능력을 상자에 잘 포장해서 쌓아 두면 좋으련만. 하지만 그럴 수 없다. 그래서 우리는 하루하루를 믿음으로 살아야 한다.

하나님은 필요한 그때에 필요한 모든 것을 공급해 주실 줄로 믿으라고 말씀하신다.

앞으로 닥칠 일을 미리 알았다면 다니엘과 친구들의 심장이 오그라들지 않았을까? 구름떼처럼 많은 바벨론의 대군이 예루살렘으로 달려오는 광경만으로도 무릎이 덜덜 떨릴 일이다. 거기다가 그 뒤에 이어질 일까지 알고 나면 그야말로 공포에 질릴 수밖에 없다. 온 도시와 성전이 유린당하고, 사악한 사교를 억지로 공부하고, 사악한 신들을 경배하는 의미의 새 이름을 받고, 맹렬한 풀무불과 굶주린 사자굴에 던져지고, 내용도 모르는 꿈을 해석하라는 황당한 명령을 받게 될 일을 미리 알았다면, 오히려 그 모든 시련 속에서 살아남을 수 있을지 더 크게 걱정할 수밖에 없다.

하지만 하나님은 이 모든 상황에서 전혀 예상할 수 없는, 기적적인 방법으로 개입하셨다. 그 결과, 다니엘과 친구들은 단순히 생존한 것이 아니라 영화롭게 될 수 있었다.

오늘날에도 마찬가지다. 그리스도의 제자라고 자신한다면 어떤 상황에서도 공포에 질릴 까닭이 없다. 어떤 의미에서 하나님은 엉망인 상태와 상황을 좋아하신다. 그런 무대에서 하나님의 기적은 시작된다.

: 영적 근시안을 앓았던 아삽

이 외에도 대표적인 소망의 적으로 영적 근시안과 영적 건망증을 들 수 있다.

아삽은 삶의 의욕을 잃었다. 부모가 이름을 이상하게 지어 줬기 때문이 아니다. 악인들이 승승장구하는 모습에 말할 수 없는 환멸이 밀려왔기 때문이다. 사방 어디를 보나 악인들은 잘나가는 반면, 자신은 손을 대는 일마다 실패했다. 도대체 이해할 수가 없었다. 늘 패하기만 한다면 하나님이 함께하시는 것이 무슨 소용인가. 의의 길이 실패의 길이라면 그 길로 갈 이유가 무엇인가.

상황이 너무 나빠서 아삽은 포기하기 직전까지 이르렀다. 하지만 그때 하나님이 나타나셔서 아삽이 보지 못한 것을 일깨워 주셨다. 아삽이 그것을 보자 모든 것이 달라졌다. 아삽의 번민은 갑자기 찬양으로 바뀌었다.

몇 년 뒤 아삽은 그 일에 관한 시를 썼고, 하나님은 그 시편을 매우 흡족하게 여겨 성경에 넣으셨다. 오늘날 우리는 그 시를 시편 73편으로 부른다.

아삽은 영적 근시안을 앓았다. 그래서 바로 눈앞에서 일어나는 일은 똑똑히 볼 수 있었지만 하나님이 멀리서 행하시는 일은 보지 못했다. 다윗과 솔로몬의 치리 당시 레위 지파 사람으로 성가대를 지휘했던 아삽은 이스라엘 역사의 흥망성쇠를 생생히 경험했다(대상 15:17 참조, 아삽은 시편 50편과 73-83편 총 12편을 지었다). 시편 73편을 쓸 때 아삽은 이스라엘 역사에서 특히 어두웠던 한 시절을 회상했다. 의로운 일은 전혀 일어나지 않고 악인들이 득세하는 것처럼 보이는 시절이었다.

아삽은 악인들이 죄를 짓고도 무사한 것에 정말로 분통이 터졌다. 그들에게는 양심의 찔림도, 악행의 대가도 없었다. 반대로 아삽의 삶은 한동안 암울하기만 했다. 아무리 마음과 행동을 청결하게 해도 계속해서 고난만 찾아왔다. 지칠 대로 지친 아삽은 원망에 사로잡혔다. 오만한 자들의 성공과 번영을 부러워하기 시작했다. 하나님을 계속해서 따라야 할지 고민했다.

그때 특별한 일이 일어났다. 하나님이 그에게 먼 미래를 보여 주셨다. 아삽은 성소로 들어가 난생처음 악인들의 운명을 명확히 봤다.

악인들이 얼마나 큰 성공을 거두었는지는 아무런 상관이 없었다. 하나같이 눈 깜짝할 사이에 파멸되었다.

그때부터 갑자기 아삽의 어조가 변했다. 이제 더는 상황이 전처럼 암울해 보이지 않았다. 물론 여전히 악인들이 큰소리를 치고 있었다. 그들은 하나님을 조롱하고도 잘만 살아갔다. 하지만 이제 아삽은 그들의 세상이 영원하지 않다는 것을 깨달았다.

아삽은 흔한 영적 병을 앓았다. 그의 실제 믿음은 그의 신학을 따라가지 못했다. 그는 하나님의 선하심과 공의를 신학적으로는 이해했다. 그렇지 않았다면 시편 73편을 "하나님이 참으로 이스라엘 중 마음이 정결한 자에게 선을 행하시나"라는 글로 시작하지는 않았을 것이다.

하지만 아삽이 스스로 인정했듯이 이 사실을 더 이상 마음으로 믿지는 않게 되었다. 영적 근시안이 눈앞의 상황 외에는 아무것도 보지 못하도록 그의 눈을 어둡게 했다.

그래서 아삽은 이렇게 푸념했다. "나는 거의 넘어질 뻔하였고 나의 걸음이 미끄러질 뻔하였으니 이는 내가 악인의 형통함을 보고 오만한 자를 질투하였음이로다"(2절).

영적 근시안에 빠지면 누구나 이렇게 될 수 있다. 전체를 보는 눈을 잃어버린다. 눈앞의 현실로 하나님의 선하심과 능력을 판단한다. 일이 잘 풀릴 때는 하나님을 찬양하고 일이 잘 풀리지 않을 때는 그분을 의심한다. 영적 근시안은 위험한 영적 질병이다. 이 병에 걸리면 하나님의 선하심과 능력을 의심한다. 소망과 확신과 용기가 줄어들고, 두려움과 의심과 절망만 가득해진다.

: 날마다 십자가 렌즈를 끼고 있으라

육체적 근시안의 치료법은 교정 렌즈다. 반면, 영적 근시안의 치료제는 십자가와 빈 무덤이다.

십자가의 렌즈를 쓰면 우리를 향한 하나님의 크신 사랑이 똑똑히 보인다. 하나님은 우리가 죄와 반역에 빠져 그분의 원수였을 때 우리를 위해 돌아가셨다. 그분은 우리가 먼저 다가올 때까지 기다리지 않으셨다. 우리의 잠재력을 본 후 '이만하면 내 목숨을 줘도 되겠어'라고 판단하신 것도 아니다. 그것은 그저 순수한 은혜였다. 전혀 자격이 없는 자들에게 주시는 사랑이었다.

이 은혜와 사랑에 시선을 고정하면 이제 더는 그분의 선하심을 의심하지 않는다. 그분의 타이밍이나 방식을 의심할 수는 있어도, 하나님의 사랑과 우리가 잘되기를 바라시는 그 마음만큼은 의심하지 않는다.

십자가의 렌즈가 하나님의 사랑과 선하심을 보게 한다면 빈 무덤의 렌즈는 그분의 능력을 돋보이게 한다. 예수님이 죽음을 이기셨다는 사실을 진정으로 받아들이면 최악의 상황에서 선을 끌어내고 최악의 불의를 통해서도 의를 이루시는 그분의 능력을 절대 의심하지 않는다.

그래서 사도 바울은 예수님을 따르는 모든 이가 십자가와 부활의 의미를 온전히 알게 해 달라고 기도했다. 그는 갈보리와 빈 무덤의 렌즈를 통해 인생의 상황을 보면 새로운 확신과 용기로 살 수 있음을 알았던 것이다(엡 1:15-23; 3:14-21 참조).

솔직히, 영적 근시안을 극복하는 일에서는 우리가 아삽이나 다니엘보다 유리한 위치에 있다. 두 사람에게는 기억할 십자가나 빈 무덤이 없었으니까 말이다. 게다가 우리 안에는 하나님의 사랑과 능력을 증언해 줄 성령이 거하신다.

: 영적 건망증, 감사하는 습관이 예방책이다

영적 근시안의 뒷면에는 영적 건망증이 있다. 영적 근시안은 현재에 시선을 고정한 것인 반면 영적 건망증은 과거를 잊어버리는 것이다. 이스라엘 자손들은 심각한 영적 건망증을 앓았다. 이스라엘 백성이 수세기에 걸친 애굽의 종살이에서 기적적으로 해방된 지 몇 주 만에 아주 유명한 사건이 하나 일어났다.

하나님은 새로운 약속의 땅으로 향하던 이스라엘 백성에게 홍해 앞에 장막을 치라고 지시하셨다. 그런데 이 지역은 삼면이 막힌 곳이었다. 앞은 바다였고 좌우는 산이었다. 그러고 나서 하나님은 바로의 마음을 움직이셨다. 그래서 바로는 방금 풀어 준 노예들을 다시 붙잡아 오려고 군대를 보냈다. 이 일로 이스라엘 백성은 사면초가에 놓인다. 공포에 질린 그들은 절망 가운데 하나님께 울부짖었고, 자신들을 괜히 사막으로 데려와 죽게 만들었다며 모세에게 원망을 쏟아 냈다(출 14:1-31 참조).

이스라엘 백성은 하나님이 바로와 그의 군대를 완전히 심판하기 위해 또 다른 기적을 준비하신 줄은 꿈에도 생각하지 못했다. 그 순간 그들은 하나님이 조금 전까지 베풀어 주신 모든 기적을 깡그리 잊어버렸다. 그들의 하드 드라이브가 완전히 지워졌다고나 할까.

혹시 지금, 이스라엘 백성의 믿음이 너무 약하고 건망증이 심하다고 욕하고 있는가? 방금 전에 그토록 놀라운 기적을 통해 구원받고서 두려움에 사로잡힌 것을 도무지 이해할 수 없는가? 하지만 가슴에 손을 얹고 생각해 보자. 우리도 허구한 날 그러지 않는가.

다행히, 영적 건망증을 줄일 방법이 있다. 그 비결은 바로 감사하는 습관을 기르는 것이다. 하나님이 하신 모든 일에 수시로 감사하면 잊어버릴 일이 없다.

감사는 효과 만점의 예방책이다. 그래서 하나님은 특별히 매사에 감사하라고 명령하셨다(살전 5:18 참조). 하나님께 우리의 찬양이 필요해서 그런 명령을 내리신 게 아니다. 우리에게 기억을 되새기는 일이 필요하기 때문이다. 매사에 감사하는 습관을 기르면 우리가 빛 가운데서 봤던 것을 어둠 속에서도 기억해 낼 수 있다.

감사하는 습관을 기른다고 해서 감사하지 않은 일에도 억지로 감사하라는 뜻이 아니다. 우리에게는 나쁜 일, 나아가 악한 일도 일어난다. 하지만 현재 우리가 어떤 상황에 있든지, 우리에겐 감사할 과거와 미래가 있다. 그리고 이런 복을 기억할 때 현재의 고난과 악을 이겨 낼 용기를 얻을 수 있다.

안타깝게도 자신이 영적 근시안이나 건망증에 걸렸다는 것조차 모른 채 살아가는 사람이 참 많다. 문득, 운전면허시험에 떨어진 뒤에야 자신이 지독한 근시안이라는 사실을 알게 된 친구가 생각난다. 그는 다들 멀리 있는 물체를 잘 보지 못하는 줄 알았다. 또, 다른 친구의 어머니는 자신의 기억력이 좋다고 생각했지만 사실 주변에서는 그분이 자주 깜박하는 것을 모르는 사람이 없었다.

어떤 이들은 자신과 같은 상황에 처하면 누구나 두려워하고 걱정할 수밖에 없다고 말한다. 그러나 전혀 그렇지 않다. 우리의 문제가 하나님보다 커 보이는 것은 우리가 제대로 보지 못하거나 제대로 기억하지 못하는 탓이다(딤후 1:7 참조).

그럴 때 우리는 선택해야 한다. 힘든 상황에 시선을 고정할 수도 있고, 예수님이 나 대신 지신 십자가와 그분의 다시 사심과 감사해야 할 수많은 복에 생각을 집중할 수도 있다. 고통과 혼란의 한복판에서도 감사할 때, 아삽과 다니엘처럼 만사를 다스리는 분이 누구시며 만사가 어떤 결말로 이어질지 아는 데서 비롯하는 소망과 확신이 가득해질 것이다.

반면, 개인적 혹은 사회적 문제에만 집중하면 삶이 피폐해진다. 이스라엘 자손처럼, 하나님이 곧 놀라운 구원의 손길을 베푸실 참인 줄도 모르고 좌절과 분노와 두려움의 절규를 쏟아 내고 만다.

5

'대체 소망'은

환멸만
남긴다

■

예전에 새 신자들을 대상으로 성경 공부를 진행한 적이 있다. 새 신자들은 모두 꽤 성공한 듯 보였지만 하나같이 잘못된 벽에 사다리를 놓고 올라갔다. 그들도 그 사실을 알고 교회를 찾아온 것이었다. 성경 공부가 끝난 후 그들은 모두 예수님을 영접했다. 새 신자들이 잘못된 사다리에서 내려와, 그토록 찾던 참된 만족으로 이어지는 유일한 사다리를 오르는 모습은 정말로 감동적이었다.

그들을 생각하면 내가 아는 많은 그리스도인이 떠오른다. 단, 그 그리스도인들은 잘못된 벽에 놓인 성공의 사다리가 아니라 잘못된 방향으로 가는 희망의 마차를 타고 있다.

그런 마차 중에 특히 그럴듯한 두 가지가 있다. 둘 다 충분히 많은 사람이 승선하기만 하면 악의 질주를 멈추고 광범위한 부흥의 불길을 일으킬 수 있다는 약속을 던진다. 그중 하나는 정치다. 정치는 입법을 통해 악의 질주를 멈추게 하고 영적 부흥의 불길을 일으킬 수 있다고 약속한다. 다른 하나는 내가 "스테로이드성 사역"이라고 부르는 것이다. 이것은 최신 프로그램을 만들거나 사역에 대대적으로 투자하고 광범위한 지지 세력을 구축하면 세상이 변할 것이라고 약속한다.

미안하지만 둘 다 지키지 못할 약속이다. 이 둘을 추구하는 의도는 좋다. 이 둘에 승선하는 사람들은 세상을 좋게 바꾸겠다는 열정에 불타고 있다. 하지만 장기적으로 정치와 대규모 사역 프로그램은 부흥을 일으키지 못한다. 그래서 이 둘에 희망을 거는 사람들은 결국 환멸에 빠질 수밖에 없다.

사탄은 우리의 소망을 꺾으려고 한다. 우리가 다니엘 같은 확신과 용기를 얻으면 두려움 없이 지옥문(음부의 권세)을 향해 돌진할 것을 알기 때문이다. 그래서 우리의 소망을 꺾으려고 수단과 방법을 가리지 않는다.

그러다 이도 저도 통하지 않으면 차선책을 쓴다. 우리가 예수님이 아닌 다른 것이나 다른 사람에게 소망을 두도록 유도하는 것이다. 이스라엘 백성은 사탄의 궤계에 넘어가 말과 전차, 할례, 종교 의식, 아브라함의 자손이라는 육체적 계보에 소망을 두었다. 바리새인들을 비롯한 예수님 당시의 종교 지도자들은 제멋대로 만들어 낸 엄격한 종교 규칙에 소망을 걸었다. 1세기 에베소 교회는 선행과 확실한 교리, 결단력에 소망을 둔 나머지 그것들만 있으면 사랑이 부족해도 된다고 믿었다(계 2:1-7 참조).

사탄은 지금도 우리를 현혹한다. 오늘날 많은 교인이 사탄의 설득에 넘어가 예수님보다도 정치나 최신 사역 프로그램을 더 믿고 있다. 예수님에게서 눈을 떼고 헛된 것에 희망을 걸고 있다.

: 정치적 해법에 소망을 두다

얼마 되지 않은 과거에 미국 기독교 지도자들이 선거판을 뒤흔들던 시대가 있었다. 그때 많은 목사와 교계 지도자들이 정치판에 뛰어들었다. 그들은 정치야말로 사회를 변화시키고 국가를 구할 최선책이라고 믿었다. 일각에서는 시장의 사무실이나 주지사의 관저, 백악관에 초청받는 것을 영적 권위와 영향력의 궁극적인 증거라고 여기기도 했다.

선거 일정에 따라 설교 일정이 결정되었다. 선거 유세에 뛰어들지 않는 설교자들은 "겁쟁이"라거나 미국을 병들게 하는 죄를 방치하고 있다며 온 국민에게 비난받았다. 목회와 제자도에 집중하는 목회자들은 구식이요 비효율적이라고 조롱받았다. 사람들은 그런 목회자들을 로마가 불타는 급박한 상황에서 빈둥거리는 사람들처럼 취급했다. 선거만 이기면 온 도시와 국가가 회복될 수 있는데 비신자들이 예수님을 알고 성숙할 때까지 어떻게 기다리느냐는 것이었다.

실제로 정치에서 잠시 희망이 보이는 듯했다. 선거에서 승리하고 추진하던 법이 통과되었다. 심지어 조지 갤럽 주니어는 1976년을 "복음주의의 해"(Year of the Evangelical)로 선포했다. 〈타임〉지도 같은 표현을 썼다.[1] 제리 폴웰, 팻 로버트슨, 제임스 돕슨 같은 목회자들이 유명 잡지의 표지를 장식했다.

하지만 빛나는 정치적 승리와 상관없이 미국의 도덕적 몰락은 계속됐다. 그리고 언제나 그렇듯 정치 판도는 변했다. 그렇게 되자 자신이 지지했던 후보들이 악을 뿌리 뽑고 부흥의 불길을 일으킬 거라 믿었던 사람들은 좌절과 환멸에 빠졌다.

요즘은 정치와 입법을 영적 부흥의 열쇠로 보는 사람이 거의 없다. 정치권에서 우리 그리스도인들이 방어적인 자세로 돌아선 지 오래다. 그저 성경적 가치에 반하는 입법과 판결이 점점 늘어나는 추세를 최대한 막고자 할 뿐이다. 더 이상 우리는 비신자들에게 우리의 뜻을 강요하지 않는다. 그저 비신자들이 그들의 뜻을 교회에 강요하지 못하도록 막고 있을 뿐이다. 이제 문화 전쟁은 끝났다. 우리는 졌다.

그러나 이것이 실망의 이유는 될 수 있을지언정 절망의 이유는 되지 못한다. 예수님과 우리의 구원, 그분의 재림에 소망을 둔 사람에게는 괴로워할 이유보다 기뻐해야 할 이유가 훨씬 더 많다. 그분의 교회를 세우겠다는 예수님의 약속은 여전히 유효하다. 음부의 권세가 우리를 이기지 못한다는 약속도 마찬가지다.

하지만 먼저 우리 방식을 바꿔야 한다. 기본으로 돌아가야만 한다. 육신과 이 세상의 방식을 내려놓고 성령의 방식과 무기를 들어야 한다. 성령의 방식이란 무엇인가? 그것은 바로 기도와 순종하는 삶, 원수를 사랑하는 마음, 충성스러운 복음 선포다.

이것이 다니엘이 사용한 무기다. 다니엘은 믿음이 없고 사악한 왕의 통치 아래서 끊임없이 군사적, 정치적, 사법적 좌절을 경험했지만, 이에 상관없이 하나님께 크게 영광 돌리며 살았다. 사도행전에 나오는 초대 교회들도 마찬가지였다. 그러니 우리도 얼마든지 그렇게 할 수 있다.

하지만 오해하지는 말길 바란다. 정치가 중요하지 않다는 말은 전혀 아니다. 교회가 정치에서 완전히 손을 떼어야 한다는 말이 아니다. 우리는 민주주의 사회에서 살고 있다. 따라서 정치에 영향을 끼칠 권리가 있다. 이 권리를 포기하는 것은 어리석고 무책임한 행동이다.

나는 단지 정치적 해법에 소망을 두는 것이 지독한 계산 착오라는 말을 하고 싶을 뿐이다. 궁극적으로 우리가 선거에서 이기고 우리가 원하는 법이 통과되더라도 정치적 힘은 덧없다. 판도는 늘 변하기 마련이다.

: 대대적인 사역 프로그램에 소망을 두다

정치만 지키지 못할 약속을 남발하는 게 아니다. 스테로이드성 사역 프로그램도 마찬가지다. 많은 예산을 들여 대대적으로 벌인 프로그램과 사역들은 하나님이 복음 전도와 제자도를 위해 정하신 유일한 수단에 쏟아야 할 자원과 노력, 자금을 마구 빨아먹고 있다.

진정한 하나님의 운동은 언제나 유기적이다. 그것은 성령이 탄생시키고 성령이 추진하시는 운동이다. 이런 운동은 정교한 마케팅 기법이나 분석, 모금 활동에 의존하지 않는다.

그렇다고 해서 하나님이 이런 방식을 전혀 사용하시지 않는다는 뜻은 아니다. 한때 하나님은 나귀를 통해 말씀하셨다. 나팔 소리로 성벽을 무너뜨리기도 하셨다. 점심 도시락 하나로 5천 명을 먹이신 적도 있다. 이렇듯 하나님이 원하신다면 그 어떤 방법도 사용하실 수 있다. 하지만 영적 부흥을 위해 요란한 계획과 지지 세력을 구축하는 방법을 사용하신 적은 지금까지 단 한 번도 없다.

또 진정한 하나님의 운동은 대개 매번 다른 모습으로 나타난다. 성경을 살짝 훑어만 봐도 하나님이 똑같은 방식을 두 번 사용하신 적이 거의 없다는 사실을 알 수 있다. 구약의 놀라운 기적과 전투, 예수님의 치유 사역, 초대 교회의 기적적인 부흥까지 성경 어디를 봐도 하나님이 두 번 사용하신 방식은 거의 없다.

그래서 하나님이 사용하신 방식을 찾아 그대로 재현하겠다는 목적으로 과거의 부흥을 연구하는 학자들을 보면 안타깝기 그지없다. 특정한 프로그램이나 사역에 기독교 공동체 전체의 노력을 집중하려고 동분서주하는 사람들도 마찬가지로 안타깝다.

하나님이 과거에 역사하신 방식에서 배우거나 정교한 계획을 세우는 것 자체가 시간낭비라는 말은 아니다. 단지 하나님이 우리의 계획이나 시간표를 따르시는 일은 좀처럼 없다는 말이다.

특정한 사역 프로그램에 아무리 많은 사람이 참여한다고 해도 나는 거기에 믿음을 두지 않는다. 결과는 언제나 선전에 미치지 못하기 때문이다. 궁극적으로 하나님 나라의 성패는 인간의 노력에 달려 있지 않다. 우리가 할 수 있는 것은 전쟁을 위해 말을 준비하는 것뿐이다. 최종 결과는 오직 하나님께 달려 있다(잠 21:31 참조).

하지만 현대의 스테로이드성 사역 프로그램들은 단지 실망감만 안겨 주는 게 아니다. 교회에서 막대한 시간과 에너지, 집중력, 자금을 앗아 간다는 것이 더 큰 문제다.

일례로, 예수님 인생의 마지막 시간을 그린 멜 깁슨의 영화 〈패션 오브 크라이스트〉가 개봉될 당시 미국 기독교계가 한바탕 들썩였던 상황을 생각해 보자. 많은 그리스도인이 이 영화가 영적 쓰나미를 일으키리라 확신했다. 영화 관계자들은 이 영화를 통해 미국이 영적 혼수상태에서 깨어날 것이라 자신했다.

그리하여 미국 전역의 교회들은 최대한 많은 사람이 이 영화를 보게 하려고 애를 썼다. 그때 우리 교회도 적잖은 표를 샀다. 전국의 그리스도인들이 극장을 꽉 메워 영화를 봤다. 그리고 그게 다였다.

영적 쓰나미는 일어나지 않았다. 장기적으로 눈에 띌 만한 변화도 나타나지 않았다. 물론 이 영화가 하나님 나라에 어느 정도 도움이 되긴 했다. 하지만 그보다는 멜 깁슨이 부자가 되는 것에 훨씬 더 큰 도움이 된 것 같다.

그렇다고 해서 이 영화가 나쁜 영화인 건 아니다. 이 영화를 통해 적잖은 사람이 그리스도를 영접했다. 떠난 탕자들이 돌아오기도 했다. 그러나 결국 이 영화는 잠깐 반짝했다가 이내 사그라지는 수많은 사역 프로그램 중 하나에 불과했다. 오늘 수많은 사역 프로그램이 생겨났다가 얼마 가지 않아 사라진다(약 4:14; 전 1:11 참조).

오늘날 대규모 사역 프로그램의 문제점은 헛된 희망을 던질 뿐 아니라 부지불식간에 복음 전도와 제자도를 위한 하나님의 주된 수단인 교회를 방해한다는 것이다.

: 교회, 비록 흠 투성이일지라도

솔직히 말해, 대규모 사역 프로그램은 '대부분' 교회와 상관없이 운영된다. 이런 프로그램이 겉으로는 교회의 연장선을 표방하지만 실제로는 지지 세력 구축과 자금 모금에만 열을 올리는 것이 사실이다.

정직하게 살펴보면 지금 교회의 모습이 그리 사랑스럽지 않기는 하다. 사랑스럽기는커녕 문제투성이다. 교회는 걸핏하면 하나님이 주신 사명보다 전통을 더 소중히 여겼다. 툭하면 삼천포로 빠졌고, 하나님의 이름에 먹칠하는 짓을 수없이 저질렀다.

하지만 이 모든 흠에도 불구하고 예수님은 다른 것이 아닌 교회를 세우고 유지하겠다고 말씀하셨다. 교회는 진리의 기둥이요 기초이며 사탄이 두려워하는 대상이고 제자도를 위한 하나님의 유일무이한 수단이다.[2]

교회를 방해하는 것은 곧 하나님을 방해하는 것이다. 따라서 그것이 설령 모르고 한 짓이라고 할지라도 보통 큰 죄가 아니다.

장기적으로 다니엘과 같은 소망과 용기를 지닌 세대를 일으킬 수 있는 유일한 방법은 지난 2천 년 동안 검증된 방법밖에 없다. 그 방법은 바로 교회다. 제2의 다니엘들을 일으키는 일은 신학교와 교단, 출판사, 미디어의 몫이 아니다. 선교단체나 그 사역 프로그램의 몫도 아니다. 오직 교회만이 그 일을 감당할 수 있다. 예수님은 그리스도인들이 저마다 흠을 갖고 있음에도 함께 모여 기도하고 예배하고 가르치고 서로 격려하고 채찍질할 때 임하겠다고 약속하셨다(마 18:20 참조). 그리고 예수님이 임하시면 소망과 용기가 나타나는 건 시간문제다.

Part 4.

겸손으로 무장하라,

타인의 신뢰를 얻을 것이다

Thriving in Babylon

1

다른 사람을 섬기는 것이 겸손이다

■

다니엘의 소망은 용기를 낳았다. 하지만 다니엘이 정복자들에게 신뢰를 얻은 것은 남다른 겸손을 통해서다. 다니엘이 바벨론에서 번영하기 위해서는 두 가지 품성이 모두 필요했다. 용기와 겸손이 하나로 만나면 하나님 나라가 과연 임할 수 있을까 의심되는 바벨론 같은 곳에서도 그분의 통치를 확장해서 지옥의 기초를 뒤흔들 수 있다.

: 성경에서 말하는 겸손

안타깝게도 오늘날에는 겸손의 길로 가는 사람을 찾아보기 힘들다. 겸손의 길은 단순히 잊힌 길이 아니다. 그저 모두가 회피하는 길이다. 그 길로 가려는 사람은 아무도 없다. 특히 남자들이 그렇다.

나는 아들이 겸손한 사람으로 자랐으면 좋겠다고 말하는 아버지를 거의 본 적이 없다. 남자들에게 겸손하다는 말은 별로 칭찬이 아니다. 겸손은 나약함의 상징일 뿐이다. 요즘 사람들은 겸손을 낮은 자존감이나 유약하고 고분고분한 성격, 야망의 부족, 지나친 겸양과 동일시하는 경향이 있다. 그래서 사람들은 겸손을 고상한 품성으로 여기면서도 정작 자신은 겸손해지길 원하지 않는다.

하지만 낮은 자존감이나 유약하고 고분고분한 성격, 야망의 부족, 자신의 장점과 성과를 부인하는 태도는 성경적인 겸손과 전혀 상관없다. 그것들은 영적 성숙의 증거가 아니라 열등감의 증거일 뿐이다. 다니엘이 보였던 겸손(그리고 하나님이 우리 모두에게 원하시는 겸손)은 이런 것과는 전혀 다른 겸손이다.

성경적인 겸손을 이해하려면 먼저 철저히 비성경적으로 정의한 겸손이 무엇인지 살펴봐야 한다. 겸손에 관한 이런 정의가 널리 퍼진 탓에 겸손의 길을 찾는 이들이 거의 없어졌다.

낮은 자존감이 아니다

성경적인 겸손은 낮은 자존감과 동의어가 아니다. 성경은 단순히 자신의 장단점을 정확히 파악하라고 명령한다. 자신을 실제보다 더 낫게 여겨서도 안 되지만 실제보다 더 못하게 여겨서도 안 된다. 우리는 자신의 재능과 능력, 장단점을 있는 그대로 파악해야 한다(롬 12:3; 갈 6:3-4 참조).

예수님은 겸손하셨지만, 자신을 스스로 높게 평가하셨다. 자신이 하나님이라고 주장하셨으니 말이다. 아무리 봐도 이것은 낮은 자존감과는 거리가 멀다(마 11:29; 요 10:30-33; 14:6 참조).

다니엘은 자신과 친구들에 대해 "흠이 없고 용모가 아름다우며 모든 지혜를 통찰하며 지식에 통달하며 학문에 익숙하여 왕궁에 설 만한 소년"(단 1:4)이라는 표현을 썼다. 내 눈엔 자신만만하고 약간 건방져 보이기까지 한 표현이다. 아무리 봐도 자존감이 낮은 사람의 말투는 아니다. 다니엘은 거울에 보이는 자신의 얼굴이 마음에 들었던 게 분명하다.

자신감 부족이나 자기 비하는 전혀 바람직한 모습이 아니다. 잘생기고 왕궁에서 일할 능력이 있다면 그런 장점을 스스로 알고 선하게 사용해야 옳다. 교만에 빠져서 남들을 깔보면 안 되지만 자신을 못생긴 바보로 여겨도 안 된다.

야망이 없는 게 아니다

같은 이치로 겸손은 야망과 상충하지 않는다. 다니엘과 친구들에게는 야망이 있었다. 수석 졸업을 위해 노력한 것만 봐도 알 수 있다. 또 다니엘은 세 친구인 사드락과 메삭, 아벳느고를 지방관 자리에 앉히려고 노력했다. 그것이 다니엘이 바벨론의 모든 지혜자를 다스리는 자리에 오르고 나서 가장 먼저 한 일이었다(단 2:48-49 참조).

이번에는 야고보와 요한을 보자. 그들이 예수님께 어머니를 보내 그분의 나라에서 높은 자리를 청탁했을 때 꾸지람을 받은 건 야망(혹은 마마보이 기질) 때문이 아니었다. 그 야망을 어떤 방식으로 이루어야 하는지 오해한 게 문제였다.

예수님은 위대해지려는 욕구를 전혀 나쁘게 보지 않으신다. 다만 위대함으로 가는 길이 겸손한 섬김의 길이며, 첫 번째가 되기 위한 길이 종처럼 섬기는 길임을 알기 바라실 뿐이다(마 20:20-28 참조).

자기 성과를 무시하는 게 아니다

성경적인 겸손은 자신의 성공이나 성과를 그 누구에게도 말하지 않거나 스스로 자랑스러워하지 않는 것도 아니다.

한 친구와 아버지에 관해 이야기했던 일이 기억난다. 그의 아버지는 자녀를 겸손하게 키우려고 애썼다. 아버지는 남들 앞에서 자식들의 성공을 이야기하는 게 자랑하는 것이라고 생각했다. 그래서 절대 그렇게 하지 않았다. 심지어 남이 그 이야기를 꺼내도 애써 화제를 다른 쪽으로 돌렸다. 안타깝게도 그런 양육의 결과는 겸손이 아니라 열등감이었다. 그 친구와 형제들은 지금까지도 자신감 부족에 시달린다. 그들은 아버지가 자신들을 사랑했지만 흡족해하지는 않았다고 생각한다.

성경적인 겸손은 인정받지 못해도 의연하다. 남들 앞에서 칭찬받으려고 애쓰지 않는다. 자신의 지위나 성과를 내세우며 거들먹거리지 않는다. 하지만 그렇다고 해서 자신의 성과를 억지로 숨기거나 경시하지도 않는다. 우리가 다니엘의 위대한 업적을 어떻게 아는가? 그가 직접 글로 써서 우리에게 알려 줬기 때문이 아닌가. 그래서 다니엘이 하나님께 꾸지람을 들었는가? 정반대다. 하나님은 오히려 기뻐하셨다. 그렇지 않았다면 다니엘의 글을 성경에 넣지 않으셨을 것이다.

다른 사람을 섬기는 것이다

성경적인 겸손의 핵심은 단순하다. 그것은 다른 사람들의 필요와 이익을 내 필요와 이익보다 위에 두고 그들을 섬기는 것이다. 남들을 우리에게 '중요한' 존재로 여기고 잘 대해 주는 것이다.

그렇다고 해서 손해만 보고 살라는 뜻은 아니다. 단지 종이 되라는 뜻이다(빌 2:3-5 참조).

그런데 겸손히 남을 섬긴다는 것이 말처럼 쉽지는 않다. 특히 섬기고 싶지 않은 사람을 섬기는 것은 정말 곤욕스럽다. 하지만 그렇게 할 수 있어야 진정 성경적인 겸손이라고 말할 수 있다. 성경적인 겸손은 섬김을 받아 마땅한 사람만 섬기는 게 아니라 그럴 가치가 없는 사람까지도 섬기는 것이다.

아브라함이 어린 조카 롯에게 원하는 땅을 가지라고 한 것이 바로 성경적인 겸손의 행위였다. 사실 아브라함은 가문의 수장으로서 가장 좋은 땅을 취할 권리가 있었다. 하지만 그는 이기적으로 굴지 않고 조카에게 먼저 선택할 권한을 양보했다. 자신은 뭐든 조카가 고르고 남은 땅을 차지하기로 했다.

아이러니하게도 가장 좋은 땅을 고른 롯의 이기적인 행동은 오히려 그를 파멸의 길로 이끌었다. 반면, 아브라함이 겸손하고 이타적인 행동을 보이자 하나님이 나타나셔서 사방으로 눈에 보이는 모든 것을 주겠다고 직접 약속하셨다. 이것이 성경적인 겸손의 결말이다. 섬김의 길을 가면 결국 하나님의 은혜와 복이 충만한 땅에 이른다(창 13:1-18; 약 4:10 참조).

성경적인 겸손은 단순히 섬김받을 자격이 없는 사람들을 섬기는 데서 그치지 않는다. 거기서 한 걸음 더 나아가 적까지도 섬기는 것이 성경적인 겸손의 최고봉이다. 예수님은 제자들의 발을 씻기실 때 가룟 유다를 소외시키지 않으셨다. 또 이웃을 사랑하라는 예수님의 명령에서 이웃은 우리와 삶이 교차하는 모든 사람을 의미한다. 다시 말해, 우리 이웃에는 친구는 물론이고 원수, 심지어 이교도들까지도 포함된다(요 13:1-17 참조).

: 담을 더 높이 쌓는 게 능사가 아니다

바로 이것이 다니엘이 보여 준 겸손이었다. 다니엘은 정복자들과 사악한 주인들까지 지극정성으로 섬겼고, 그 결과 끊임없이 승진했다. 그리고 그렇게 승진할수록 바벨론에서 다니엘의 영향력은 점점 커졌다. 나중에는 느부갓네살 왕과 다리오 왕이 그의 하나님을 유일한 참신으로 고백할 정도였다(단 4:34-37; 6:25-28 참조).

하지만 만약 다니엘이 우리 시대에 태어났다면 극심하게 비판받지 않을까 싶다. 필시 원수를 돕는 영적 변절자라는 낙인을 피하기 어려울 것이다. 요즘 그리스도인들은 세상에 침투하기보다는 세상과 담을 쌓는 편이다. 우리는 불경건한 권세와의 개인적인 접촉을 최소화하려고 노력한다. 그나마 가끔 접촉할 때조차 정중한 대화보다는 적대적인 대치가 대부분이다. 우리의 문화적 영향력이 역대 최저인 것도 무리는 아니다.

현대의 바벨론에 실질적인 영향을 끼치고 싶다면 우리의 전술을 바꿔야만 한다. 이 시대의 불경건한 리더들을 피하거나 공격하기보다는 다니엘처럼 그들에게 선한 영향력을 발휘해야 한다. 그러려면 하나님이 잠시 누구를 권좌에 앉히시든 일단은 그들을 겸손히 섬기는 것이 우선이다. 그래야만 그들이 우리의 말에 귀를 기울인다. 접촉 없이는 영향력도 없다.

하지만 악하고 불경건한 사람들과 친분을 쌓는 것 자체가 그들의 죄와 가치관을 암묵적으로 용인하는 것이라고 생각하는 그리스도인이 예나 지금이나 너무도 많다. 초대 교회 시대에도 그런 그리스도인이 많았다. 그래서 사도 바울은 고린도 교회에 보낸 편지에서 이 문제를 다뤄야만 했다. 그 이전의 편지에서 사도 바울은 성적 타락과 부도덕, 탐욕, 부정직한 사업 거래, 우상 숭배를 일삼는 자들과 어울리지 말라고 경고했다.

고린도 교인들은 바울의 말을, 그렇게 사는 비신자들을 아예 피하라는 뜻으로 받아들였다. 그래서 바울은 오해를 바로잡고자 다시 편지를 썼다. 바울의 의도는 악한 비신자들과 담을 쌓으라는 게 아니었다. 그렇게 하려면 일반 사회를 떠나는 수밖에 없었다. 바울이 말한 건 악하게 사는 자칭 그리스도인들을 멀리하라는 뜻이었다(고전 5:9-13 참조).

: 구원보다 심판을 더 원한다면 잘못된 것

선교사가 현지의 주술사와 친해져서 선교의 불모지로 들어갈 길을 뚫었다고 칭송받는 것을 볼 때마다 이상하기 짝이 없다. 그 즉시 선교사는 영웅으로 떠오른다. 우리는 그와 주술사의 사진을 냉장고에 붙여 놓고 그것을 볼 때마다 기도한다.

하지만 목사가 현지의 이슬람교 지도자나 모르몬교 주교, 불경건한 정당의 정치인, 동성애자 권리 운동이나 낙태 찬성 운동의 지도자와 친분을 맺으면 맹렬한 비난이 날아온다. 그의 사진은 기도를 위해 냉장고에 붙는 것이 아니라 대문짝만하게 인쇄되어 길거리에서 불태워진다.

조심하지 않으면 요나와 같은 실수를 저지를 수 있다. 요나는 니느웨 백성의 '죄'만 미워한 게 아니라 사람 자체를 미워했다. 그래서 요나는 니느웨로 가서 곧 닥칠 심판을 경고하라는 하나님의 명령을 무시한 채 반대 방향으로 도망쳤다. 요나는 혹시라도 니느웨 백성이 회개하여 멸망을 면하지는 않을까 두려워했다. 아니나 다를까, 우려하던 일이 현실로 벌어졌다. 니느웨 백성이 죄를 회개하고 하나님이 심판을 철회하신 것이다. 요나는 그것이 못마땅해 하나님께 투정을 부렸다(욘 3:1-4:11 참조).

하나님을 향한 열정이 잃은 양들을 향한 연민을 억누른다면 뭔가 단단히 잘못된 것이다. 구원보다 심판을 더 원한다면 그것은 결코 하나님의 마음을 닮은 것이 아니다. 그런 사람은 다니엘보다 요나에 더 가깝다.

2

가치와 신앙이
다른 사람을 대할 때도

존중하라

■

사라는 똑 부러지고 거칠 것이 없는 사람이었다. 뭔가 기분이 나쁘거나 부당하거나 어리석다고 생각되면 일말의 망설임도 없이 대놓고 말했다. 그녀는 누구에게도 마음에 없는 소리를 하지 못했다.

우리 교회에 출석한 지 몇 달이 지나자 사라는 내 목양실로 찾아와 자신의 인생철학을 설명했다. 사라는 다른 사람들이 배짱이 없다고 생각했다. 많은 사람이 진실을 말하지 못하고, 싫은 것을 싫다고 말할 용기가 없는 겁쟁이라고 했다.

사라는 타인의 생각에 지나치게 신경을 쓰는 다른 사람들과 달리, 자신은 남들이 뭐라고 생각하건 상관하지 않는다고 자랑스럽게 말했다. 그래서 그녀는 비판하거나 거절하는 일에도 서슴없었다. 사람들이 쓴소리를 듣기 싫어하는 것은 그녀가 아닌 그들의 문제였다. 사라가 딱 잘라 거절할 때 사람들이 기분 나빠하는 것도 그 사람들의 문제였다.

계속해서 사라는 부당한 일터 환경과 우둔한 상사들, 신의 없는 옛 친구들, 어리석은 전 남편에 관해 한참을 비난했다.

그런데 어느 순간 그녀가 갑자기 입을 다물었다. 그리고 아무 말도 없이 한참 동안 바닥을 응시했다. 이윽고 몸을 부르르 떨더니 이내 바닥에 주저앉아 마구 눈물을 쏟아냈다.

나는 어안이 벙벙한 채로 앉아 있었다. 전혀 예상하지 못한 행동이었다. 피도 눈물도 없을 것만 같은 사람에게서 닭똥 같은 눈물이라니.

사라는 엉엉 울면서 하나님이 왜 이렇게 자신을 힘들게 하시는지 모르겠다고 말했다. 그녀는 왜 직장 동료들이 자신을 멀리하고 친구들이 등을 돌리는지 알 수가 없었다. 외로움이 뼛속까지 파고든다고 했다.

나는 도무지 진실을 말할 용기가 없었다. 사라의 행동은 하나같이 사람들을 밀어내는 행동이었다. 사라는 진실을 말해야 하나님이 기뻐하신다고 믿었다. 싫으면 싫다고 말하는 것은 자신을 보호하는 일이라고, 높은 사람들에게 '애교를 떨지 않는' 것이 강함의 증거라고 생각했다.

사라의 문제는 존중을 일방통행 길로 본 것이다. 자신은 다른 사람들에게 존중을 요구하면서 남들을 존중하는 데는 인색했다. 그녀에게 존중을 받으려면 웬만한 노력으로는 어림도 없었다. 사라의 인생철학과 관계 맺는 방법은 성경적인 겸손과 거리가 멀었다.

성경적인 겸손은 다른 사람들을 존중한다. 그리고 그 존중은 신사의 형식적인 예의가 아니라 '모든 사람'이 하나님의 형상을 품고 있다는 자각에서 우러나오는 진심 어린 존중이다. 성경적인 겸손은 형체조차 못 알아볼 정도로 훼손된 하나님의 형상도 알아보는 힘이 있다(창 1:26-27; 9:6; 약 3:9 참조).

: 만나는 모든 사람을 존중하는 태도

바로 이것이 다니엘과 세 친구가 만나는 모든 사람에게 보여 주었던 존중이다. 그들은 무례와 담을 쌓은 사람들이었다. 그들은 간수에서 사악한 왕들까지 모든 사람을 진실하고 겸손한 존중의 마음으로 대했다. 부정한 음식을 거절할 때나 우상에게 절하기를 단호히 거부할 때나 결코 존중하는 마음을 잃지 않았다(단 1:8-16; 3:16-18 참조).

다니엘과 세 친구의 태도와 말과 행동은 요즘 세상에서 흔히 볼 수 있는 분노의 모습과 완전히 달랐다. 특히 가치와 신앙이 상반된 사람들을 대하는 우리의 태도는 얼마나 적대적인가.

사람들을 진심으로 위했다

다니엘은 정복자들이 잘되기를 진심으로 바랐다. 다니엘도 요셉처럼 정복자들을 겸손히 섬기고 진심으로 위한 덕분에 그들의 마음을 얻었다(창 37-50장 참조).

하나님이 느부갓네살을 치실 것이라는 사실을 알고 나서 다니엘이 어떤 반응을 보였는지 보라. "내 주여 그 꿈은 왕을 미워하는 자에게 응하며 그 해석은 왕의 대적에게 응하기를 원하나이다"(단 4:19).

나라면 전혀 다른 반응을 보였을 것이다. "단단히 각오하고 들어. 드디어 네가 죗값을 치를 날이 왔대. 하나님이 너를 혼쭐내실 거래. 이런 순간이 진작 왔어야 하는 건데."

하나님의 주권적인 역사를 기꺼이 받아들였다

다니엘의 겸손과 존중은 이 세상을 누가 다스릴지 하나님이 결정하신다는 믿음과 하나로 연결되어 있었다. 다니엘에게 하나님의 주권은 단순한 신학 이론이 아니라 현실 그 자체였다. 다니엘에게 느부갓네살은 하나님이 주권적인 목적을 이루기 위해 잠시 사용하시는 종에 불과했다. 이 경우, 하나님의 목적은 이스라엘 백성의 죄를 징계하고 심판하시는 것이었다.

다니엘이 느부갓네살을 존중한 것은 그가 존중받아 마땅했기 때문이 아니다. 하나님이 그것을 명령하셨기 때문이었다. 요즘에는 눈을 씻고 찾아봐도 그리스도인들에게서 다니엘 같은 태도와 행동을 볼 수 없다. 참으로 안타까운 노릇이다.

: 지금도 여전한 명령이다

많은 사람이 요즘에는 다니엘이나 요셉 같은 태도가 통하지 않는다고 말한다. 그들은 저마다 내게 불경건한 권력자들을 존중하지 말아야 하는 이유를 설명했다.

하지만 하나같이 틀린 말이다. 하나님이 잠시 권력을 허락하신 자들을 겸손과 존중으로 섬기는 것이 예나 지금이나 우리의 마땅한 자세다. 그것이 권력자들이 잘하건 못하건 상관없이 하나님이 우리에게 원하시는 태도다.

다니엘과 같은 시대를 살았던 예레미야의 말을 눈여겨보라. 그는 바벨론 왕을 섬기지 않으려는 이스라엘 백성에게 그러지 말라고 권고했다. 하나님은 예레미야를 통해 바벨론 왕이 잠시 권좌에 앉아 있는 동안에는 겸손히 그를 섬기라고 말씀하셨다.

너희는 너희 선지자나 복술가나 꿈꾸는 자나 술사나 요술자가 이르기를 너희가 바벨론의 왕을 섬기게 되지 아니하리라 하여도 너희는 듣지 말라 그들은 너희에게 거짓을 예언하여 너희가 너희 땅에서 멀리 떠나게 하며 또 내가 너희를 몰아내게 하며 너희를 멸망하게 하느니라 그러나 그 목으로 바벨론의 왕의 멍에를 메고 그를 섬기는 나라는 내가 그들을 그 땅에 머물러 밭을 갈며 거기서 살게 하리라 하셨다 하라 여호와의 말씀이니라 하시니라(렘 27:9-11).

사도 베드로도 로마 정부 아래서 폭군 네로에게 핍박받은 사람들에게 매우 비슷한 조언을 했다.

인간의 모든 제도를 주를 위하여 순종하되 혹은 위에 있는 왕이나 혹은 그가 악행하는 자를 징벌하고 선행하는 자를 포상하기 위하여 보낸 총독에게 하라 곧 선행으로 어리석은 사람들의 무식한 말을 막으시는 것이라 너희는 자유가 있으나 그 자유로 악을 가리는 데 쓰지 말고 오직 하나님의 종과 같이 하라 뭇 사람을 공경하며 형제를 사랑하며 하나님을 두려워하며 왕을 존대하라(벧전 2:13-17).

이번에는 사도 바울의 말을 들어 보자.

각 사람은 위에 있는 권세들에게 복종하라 권세는 하나님으로부터 나지 않음이 없나니 모든 권세는 다 하나님께서 정하신 바라(롬 13:1).

더없이 분명한 명령들이지 않은가. 오해할 소지도 없다. 이것이 내가 기독교 라디오 방송과 교회 복도에서 사람들의 대화를 들었을 때나, 교인들의 SNS 글을 읽을 때마다 고개를 갸웃거릴 수밖에 없는 이유다.

다니엘처럼 믿지 않는 지도자들을 존중하는 모습은 찾아볼 수 없고 하나같이 조롱과 경멸, 심지어 미움으로 가득 차 있다. 우리가 계속해서 영향력을 잃어 가는 것도 무리는 아니다. 담을 허물어도 모자를 판에 있는 담을 더 높이 쌓고 있으니 말이다.

믿지 않는 리더들을 존중으로 대하지 않으면 그들의 의사결정과 행동에 영향을 미칠 수 없다. 자신을 깔보고 경멸하는 사람의 말에 누가 귀를 기울이겠는가. 상대방이 나를 좋아하거나 존중하지 않는다고 느끼면 마음의 문을 닫고 나아가 공격까지 하는 것이 인간의 자연스러운 반응이다. 실제로 세상이 우리 그리스도인들에게 그런 식으로 반응하고 있다.

: 당장 보상이 없더라도

겸손의 보상이 항상 곧바로 따라오는 건 아님을 알아야 한다. 아니, 곧바로가 아니라 빨리 찾아오는 경우도 그리 많지 않다.

다니엘은 납치와 거세, 강제적인 교육, 악한 이름으로의 개명을 당하고 사악한 왕을 억지로 섬기면서도 꿋꿋이 옳은 일을 행했다. 다니엘은 상황이 어떻게 흘러갈지 전혀 모르는 상태에서도 변함없이 겸손하게 타인을 존중하며 살았다. 우리가 타임머신을 타고 과거로 돌아가 다니엘에게 그의 풍요로운 말년을 이야기해 줘도 필시 그는 믿지 않을 것이다. 다니엘이 바벨론의 정복자들을 겸손히 섬긴 것은 당장 보상이 찾아올 줄 알았기 때문이 아니다. 단지 그것이 옳은 일이었기 때문이다.

요셉도 마찬가지다. 그는 옳은 일을 할수록 오히려 일이 꼬이는 것 같은 상황에서도 꿋꿋이 겸손하게 존중과 섬김의 길을 걸었다. 감옥에서 썩고 있을 때만 해도 요셉은 자신이 애굽 전체의 2인자 자리에 오를 줄 꿈에도 생각지 못했을 것이다.

요셉은 나중에 모든 상황이 정리되고 나서야 다른 사람들이 악하게 꾸민 일을 선하게 이끄신 하나님의 손길을 돌아볼 수 있었다. 그 전까지는 최악의 비극이 최고의 축복으로 변할 줄 전혀 알 수 없었다 (창 50:19-20 참조).

오늘날 우리도 마찬가지다. 겸손한 존중과 섬김의 길은 당장 보상으로 이어지는 경우가 거의 없다. 겸손은 단기적인 이익을 위한 게 아니다. 겸손은 지금 우리에게 손해가 되더라도 행해야 하는, 하나님의 명령이다.

3

잃은 양들을

구원하는 것이
초점이다

■

내 친구 아론은 모든 일을 영적 전쟁이라는 관점으로 해석한다. 그는 자칭 하나님의 파수꾼이요 전사다. 아론은 자기와 자신의 교회를, 선악간의 거대한 영적 전투의 최전선에 서 있는 군사로 본다. 그래서 그는 믿지 않는 사람들을 만날 때마다 적대적인 태도를 보인다. 그들을 설득하려고 하는 경우는 거의 없고 툭하면 언쟁을 벌인다.

아론처럼 매사에 설득하기보다 싸우려 드는 그리스도인들이 정말 많다. 그들의 초점은 잃은 양들을 돌아오게 하는 게 아니라 오로지 죄의 확산을 막는 것이다. 그러니 가는 곳마다 전투를 벌일 수밖에.

우리가 자꾸 싸우려고 하면 복음에 대한 저항만 거세진다. 비신자들은 본래 신자들처럼 살기를 원하지 않는다. 그런 사람들에게 우리의 삶을 강요하면 반감만 생길 뿐이다. 그렇게 되면 싸움이 벌어진다. 그런데 사람들이 싸울 때 절대 하지 않는 일이 하나 있다. 그것은 바로 상대방의 말을 듣는 것이다. 일단 전쟁이 벌어지면 아무도 서로의 말을 귀담아듣지 않는다.

: 설득 대신 싸움에 힘을 쏟는 현대 기독교

다니엘과 친구들은 정복자들을 절대 '적'으로 대하지 않았다. 그들은 원수를 사랑하고 선대하라는 예수님의 명령이 있기 훨씬 전부터 그 명령을 따랐다(눅 6:27-36 참조).

우리도 그렇게 해야 한다. 우리가 받은 위대한 사명은 온 세상으로 나아가 모든 사람을 제자로 삼아 예수님이 가르치신 모든 것을 지키게 하는 일이다. 예수님은 우리에게 기독교 국가를 세우거나 우리의 기준을 비신자들에게 강요하거나 특정한 문화를 유지하라고 명령하신 적이 없다. 예수님은 잃은 양들을 찾으라고 명령하셨을 뿐이다.

설득이 아닌 싸움을 추구하는 것은 신약의 교회가 얼마나 지저분한 시궁창에서 탄생했는지를 제대로 모르기 때문이다. 로마 제국은 정치의 자유 따위는 없는 세상이었다. 가족의 가치도 없고 성적 타락이 일상인 곳이었다. 인간의 생명은 벌레만도 못했다. 정의는 오로지 부자와 권력자들에게만 해당하는 이야기였다.

또 로마는 외래 종교는 다 눈감아 주면서도 유독 그리스도인들만큼은 가만히 놔두질 않았다. 그래서 초대 교회는 극심하게 박해받았다. 사도 12명 중에 11명이 순교당한 것만 봐도 당시의 핍박이 얼마나 심했는지 짐작할 수 있다.

그럼에도 신약의 초점은 정부나 문화를 바꾸는 게 아니라 사람의 마음을 변화시키는 것이다. 성경 기자들은 언제나 영적 전쟁을 이야기할 때 개인의 영성을 두고 말한다.[1]

영적 전투 모드는 엉뚱한 적을 겨냥한다. 비신자들은 우리의 적이 아니다. 그들은 원수의 '희생자'일 뿐이다. 그리고 희생자는 무찔러야 할 대상이 아니라 구해야 할 대상이다.

사도 바울은 원수의 앞잡이 노릇을 하는 악인들에 대해 우리가 가져야 할 태도를 다음과 같이 명시했다. 많은 사람이 이 글을 읽고 고개를 갸웃거릴 게 분명하다.

> 주의 종은 마땅히 다투지 아니하고 모든 사람에 대하여 온유하며 가르치기를 잘하며 참으며 거역하는 자를 온유함으로 훈계할지니 혹 하나님이 그들에게 회개함을 주사 진리를 알게 하실까 하며 그들로 깨어

마귀의 올무에서 벗어나 하나님께 사로잡힌 바 되어 그 뜻을 따르게 하실까 함이라(딤후 2:24-26).

보다시피 위의 글에서 바울은 사탄의 뜻을 받드는 자들에 관해 이야기한다. 그들은 사탄의 행진에 휩쓸려 가는 자들이 아니라 행진을 이끄는 자들이다. 그런데도 우리는 하나님의 심판이 아니라 긍휼과 자비가 임하기를 바라는 마음으로 그들에게 다가가야 한다. 우리는 그들이 회개하고 진리를 알도록 도와야 한다. 다시 말해, 우리의 주된 목적은 설득이다.

바울이 우리에게 촉구한 태도와 행동도 눈여겨보라. 바울은 다투지 말라고 말한다. "모든 사람"에게 친절하라고. 물론 여기서 모든 사람은 말 그대로 '모든' 사람을 뜻한다. 단 한 명의 예외도 없다. 혹시나 이 단어가 '거의 모든 사람'을 의미할 수도 있지 않을까? 그렇길 바라는 마음으로 헬라어 원문을 확인했다. 하지만 역시나였다.

우리는 진리를 가르치되 언제나 친절하게 가르쳐야 한다. 사도 베드로는 이런 표현을 썼다. "너희 속에 있는 소망에 관한 이유를 묻는 자에게는 대답할 것을 항상 준비하되 온유와 두려움으로 하고"(벧전 3:15).

하지만 솔직히 말해 이렇게 하기가 어디 쉬운가? 우리 문화가 바벨론을 닮아 갈수록 우리 마음속에는 더 큰 분노가 들끓는다. 그 결과는 사랑이 가득한 꾸지람과는 거리가 먼 미움과 비방, 수군거림, 신랄한 비판이다.

많은 사람이 바리새인들을 비롯한 당시의 종교 지도자들을 향한 예수님의 호된 꾸지람을 예로 들면서 비신자들에 대한 공격성을 정당화한다. 하지만 그들은 중요한 점을 놓치고 있다. 예수님은 당시의 죄인들을 꾸짖지 않으셨다. 오히려 그들에게 가까이 다가가셨다. 예수님께 꾸지람을 받은 자들은 죄인들을 궁지에 몰아넣으려고 했던, 종교적 위선자들이었다.

느부갓네살은 더없이 악한 자였다. 사악한 신을 섬겼고 예루살렘과 하나님의 성전을 더럽혔으며 하나님을 조롱했다. 그는 비이성적이고, 성미가 급했으며, 허영심이 강하고, 살인을 일삼는 잔혹한 자였다. 하지만 다니엘은 언제나 공손했고 친절했다. 그것은 우리가 하나님의 적들을 적대적으로 대할 때마다 그들의 마음이 더욱 닫혀 회개할 가능성이 그만큼 낮아진다는 점을 알았기 때문이다.

: 우리는 지금, 여기로 배속되었다

영적 전투 모드의 마지막 문제점은 악인의 성공이 곧 의인의 실패라고 오해한다는 것이다. 경건과는 거리가 먼 상사를 겸손히 섬기거나 악한 정권에 복종하기 어려운 건 바로 이런 오해 때문이다. 우리는 악인의 성공이 곧 우리의 실패라고 생각한다. 하지만 실상은 전혀 그렇지 않다.

물론 세상의 권위에 복종한다는 핑계로 죄에 동참해서는 절대 안 된다. 다니엘은 모세의 음식법에 어긋나는 음식을 거부했다. 그의 세 친구는 느부갓네살의 황금상에 절하는 것을 거부하고 맹렬한 풀무불에 던져지는 편을 선택했다. 다니엘은 기도가 사형죄로 규정된 뒤에도 계속해서 공개적으로 하나님께 기도드렸다.

그러나 지도자들이 번영할 때 우리도 번영하는 것이 엄연한 사실이다. 설령 우리나라가 바벨론처럼 악할지라도 나라가 번영하면 우리도 같이 번영한다. 예레미야가 바벨론의 유대인 포로들에게 뭐라고 말했는지 보라.

> 만군의 여호와 이스라엘의 하나님께서 예루살렘에서 바벨론으로 사로잡혀 가게 한 모든 포로에게 이와 같이 말씀하시니라 너희는 집을 짓고 거기에 살며 텃밭을 만들고 그 열매를 먹으라 아내를 맞이하여 자녀를 낳으며 너희 아들이 아내를 맞이하며 너희 딸이 남편을 맞아 그들로 자녀를 낳게 하여 너희가 거기에서 번성하고 줄어들지 아니하게 하라 너희는 내가 사로잡혀 가게 한 그 성읍의 평안을 구하고 그를 위하여 여호와께 기도하라 이는 그 성읍이 평안함으로 너희도 평안할 것임이라(렘 29:4-7).

이 원칙은 지금도 여전히 유효하다. 하나님을 영화롭게 하려면,

우리는 하나님이 심으신 그곳에서 꽃을 활짝 피워야 한다. 우리가 지금 이곳에 있는 건 결코 우연이 아니다. 하나님은 우리의 날을 세셨을 뿐 아니라 우리가 언제 어디서 시간을 보낼지도 미리 정해 놓으셨다.

다니엘은 바벨론에 배속되었다. 요셉은 애굽으로 보내졌다. 초대 교인들은 로마에서 하나님을 섬기라는 명을 받았다. 그리고 이제 우리는 이 시대, 이 장소로 배치되었다. 우리의 임무는 참으로 분명하다. 그것은 잃은 양들이 회개하고 하나님 앞에 무릎 꿇을 수 있도록 복음을 선포하는 것이다. 우리의 목표는 그들을 무찌르는 게 아니라 회복시키는 것이다.

하지만 우리가 원수의 꾐에 넘어간 포로들을 분노와 무례함과 경멸로 대한다면, 누구도 설득할 수 없다. 예수님의 이름으로 독한 말을 쏟아 내면서 원수를 사랑한다고 말해 봐야 아무런 소용이 없다. 아무도 그 말을 믿지 않을 것이다.

Part 5.

지혜로 무장하라,

전체를 보는 시각을 얻을 것이다

Thriving in Babylon

1

‘집중할 것’과 ‘포기할 것’을

분별하는 게 지혜다

■

미성숙의 확실한 증거 가운데 하나는 편협한 시각이다. 전체를 보는 눈이 없는 사람은 기다릴 줄 모른다. 맹목적으로 타협을 거부한다. 일의 경중을 따지지 않고 모든 것을 똑같이 중요하게 여긴다. 만사를 흑백논리로만 바라본다. 오직 즉각적인 결과만을 따진다.

우리 아이들의 어린 시절이 생각난다. 녀석들에게 놀이동산에 가는 것과 나를 도와 차고를 청소하는 것 중에 하나를 선택하라고 하면 아이들은 여지없이 놀이동산을 선택했다. 여기까지는 이상할 것이 없다. 하지만 내가 차고 청소를 도와주면 대학 입학금을 대 주고 졸업 후에는 멋진 집까지 주겠다고 말했어도, 녀석들은 여전히 놀이동산을 선택했을 것이다.

당시 우리 아이들에게는 전체 그림을 보거나 자기 선택의 장기적인 결과를 헤아릴 능력이 없었다. 그렇지만 어린아이들은 다 그렇기 때문에 크게 걱정하지 않았다. 그런데 우리 아이들이 30대를 넘어 50대가 되어서도 여전히 그런 식으로 생각한다면 내 마음이 정말로 아플 것이다.

마찬가지로, 새 신자에게 영적 시각이 부족한 것은 전혀 걱정할 일이 아니다. 처음부터 성숙한 사람이 어디 있겠는가. 하지만 예수님을 오랫동안 믿고도 여전히 지혜와 전체를 보는 시각이 부족하다면 뭔가 단단히 잘못된 것이다. 우리가 절대 잃을 수 없는 하늘의 보화 대신 우리가 지킬 수 없는 이 땅의 보화를 선택하는 사람들. 십자가의 희생이 아닌 눈앞에 닥친 문제로 하나님의 선하심을 판단하는 사람들. 예수님의 마음을 품지 않고 죄인들에게 분노와 미움으로 반응하는 사람들. 이것은 다 영적으로 미성숙한 모습이다. 그리고 하나님은 이런 모습을 보실 때마다 마음 아파하신다.

: 지혜의 시작

다니엘이 여느 사람들과 달랐던 점 중 하나는 지혜와 거기서 비롯한 전체를 보는 시각이었다. 그는 하늘의 보화 대신 이 땅의 보화를 선택하는 어리석음을 범하지 않았다. 바벨론의 일시적인 승리로 하나님의 능력과 선하심을 함부로 판단하지도 않았다. 죄인들을 대하는 다니엘의 반응에서는 요나의 분노와 미움이 아닌 구원하시는 하나님의 마음이 묻어 나왔다.

심지어 바벨론으로 끌려간 어린 시절에도 그의 시각은 더없이 분명했다. 다니엘은 전체적인 그림을 보고 그 그림에 따라 현재의 시련을 다루었다. 신세 한탄을 거부한 그의 태도는 매튜 헨리가 도둑질을 당한 다음 날 밤에 쓴 일기를 떠올리게 한다.

"먼저, 전에는 도둑질을 당한 적이 없어서 감사한다. 둘째, 비록 지갑을 빼앗겼지만 목숨은 빼앗기지 않아서 감사한다. 셋째, 가진 것을 전부 빼앗겼지만 그것이 그리 많은 돈이 아니라서 감사한다. 넷째, 내가 도둑질을 한 게 아니라 도둑질을 당한 사람이라서 감사한다."[1]

다니엘의 지혜는 하나님을 경외하는 마음에 뿌리를 두고 있었다. 다니엘은 하나님이 함부로 대할 분이 아님을 잘 알았다. 불어오는 바람을 향해 침을 뱉는 건 바보나 하는 일이다. 그리고 오직 바보만이 하나님의 명령을 가벼이 여긴다(잠 9:10 참조).

그래서 다니엘과 세 친구는 목숨이 걸린 상황에서도 꿋꿋이 순종의 길을 걸을 수 있었다. 그들은 풀무불이나 사자 굴, 아니 정복자가 가할 수 있는 그 어떤 핍박보다도 하나님을 더 두려워했다.

또 다니엘은 모든 게 목숨을 걸 만한 일이 아님을 잘 알았다. '죄'

와 '개인적으로 기분 나쁜 일'은 엄연히 다르다. 다니엘은 이 둘을 혼동하지 않았다. 그래서 싸워야 할 때와 싸우지 말아야 할 때를 지혜롭게 가려낼 수 있었다.

하지만 누구나 그런 분별력을 갖춘 것은 아니다. '자신이 싫어하는 것'과 '하나님이 금하시는 것'을 혼동하는 사람이 정말 많다. 다니엘이라면 어깨를 으쓱하고 말 일도 그들에게는 싸워야 마땅한 명분이 된다.

앞서 말했듯이 느부갓네살이 자신의 이름을 억지로 벨드사살로 바꿨지만 다니엘은 과민하게 반응하지 않았다. 그의 친구들도 마찬가지였다. 그들은 이름 따위에 연연하지 않았다. 그렇다고 그들이 새 이름을 마음에 들어 했다는 말은 아니다. '벨드사살'은 '벨의 왕'이라는 뜻이다. 그 이름을 들을 때마다 다니엘의 귀에 거슬렸을 게 분명하다. 요즘으로 치자면 '크리스천'이란 이름의 교인이 '모하메드'로 불리는 것과 비슷한 상황이다. 성경에 반드시 경건한 이름을 가져야 한다는 명령은 없다. 다니엘은 이 점을 알았기 때문에 이름 문제를 그냥 넘어갔다. 이것은 목숨을 걸 만한 일까지는 아니었다.

하지만 다니엘이 이 시대에 태어났다면 불경건한 이름을 받아들인 일로 크게 비난받지 않을까 싶다. 비겁하다며 사방에서 손가락질이 날아올 것이다. 하지만 그것은 비겁한 게 아니라 지혜롭게 결정한 것이었다(다니엘은 비겁하기는커녕 용기의 화신이었다). 다니엘은 목숨을 걸 만한 일과 그렇지 않은 일을 구분할 줄 알았다.

3년간 억지로 점성술과 요술 등의 학문을 공부해야 할 때도 다니엘은 똑같이 초연한 모습을 보였다. 만약 스스로 선택할 수 있었다면 이 과목들을 건너뛰었을 것이다. 하지만 다니엘에게는 선택권이 없었다. 점성술과 요술, 마술, 주문 등은 왕궁에서 정한 필수 과목이었기 때문에 무조건 배워야 했다.

하나님은 점성술과 요술, 마술, 주문을 행하지 못하도록 금하셨지만, 성경은 무엇을 배울지에 대해서는 아무런 말을 하지 않는다. 그래서 다니엘은 (왕의 식탁에 올렸던 음식을 거부한 것과 달리) 이 과목들을 단호히 거절하지 않고 배움을 받아들였다. 그리고 어차피 배우기로 한 이상, 맨 뒷자리에 앉아 인상만 찌푸리는 게 아니라 맨 앞자리에 앉아 열심히 공부했다. 그리고 당당히 수석으로 졸업했다.

이렇게 얻은 지식은 나중에 왕의 신임을 얻고 이런 학문에 대한 왕의 믿음을 깨뜨리는 데 큰 도움이 되었다. 나아가, 왕에게 지극히 높으신 하나님을 소개할 기회까지 얻을 수 있었다(단 2:46-49 참조).

다니엘의 반응은 요즘 많은 교인이 보이는 저항과 배척의 태도와 참으로 다르다. 회사에서 뉴에이지 철학이나 소위 다양성을 반영한 훈련 프로그램을 강요하면 해고되는 한이 있더라도 참여하지 말라고 말하는 교회가 많다. 하지만 과연 그 수업을 듣는 것이 곧 그것을 지지하는 것일까? 그렇지는 않다.

공립학교와 대학에서 가르치는 불경건한 내용들에 대해서도 마찬가지다. 우리 마음에 들지 않는다고 무조건 거부하면 나중에 우리가 그 문제에 대해 목소리를 높여도 아무도 귀를 기울이지 않을 것이다. 반대로, 다니엘처럼 열심히 노력해서 좋은 성적을 거두면 사람들이 귀를 기울인다. 진정한 발언권을 얻을 수 있다.

불경건한 사람들은 욕심에 이끌리고, 마음대로 살고 싶어 한다. 다니엘에게는 이런 사실을 간파할 만한 지혜가 있었다. 그래서 자신의 의로운 삶을 남들에게 강요하지 않았다. 심지어 높은 자리에 오른 뒤에도 하나님을 모르는 사람들에게 억지로 신앙을 주입하려 하지 않았다. 하지만 이것은 우리가 좀처럼 배우지 못하는 교훈이다. 나도 예외는 아니다. 사실, 나는 이미 첫 번째 시험에서 낙방한 전적이 있다.

대학생과 대학원생 시절 나는 한 상점에서 야간 아르바이트를 하면서 충격적인 일을 경험했다. 밤마다 어디서도 듣지 못했던 온갖 욕설과 음란한 대화를 들으면서 주먹을 불끈 쥐었던 기억이 생생하다. 당시 초보 신자였던 나는 결국 나서지 말아야 할 때를 가리지 못하는 우를 범하고 말았다. 나는 동료들에게 또다시 예수님의 이름으로 욕을 하면 참지 않겠다고 엄포를 놓았다. 여성을 성적 대상으로 비하하는 것도 싫고 지저분한 농담과 욕도 견디기 힘들다고 분명히 말했다. 그러고는 하나님이 진리를 위해 일어선 나를 기뻐하실 거라 확신했다. '선한 영향력'을 발휘한 나 자신이 정말로 자랑스러웠다.

하지만 나중에 알고 보니 나는 선한 영향력을 발휘한 게 아니었다. 그저 왕따가 되었을 뿐. 몇몇 동료는 내 앞에서는 언행에 신경 쓰는 듯했지만 뒤에서는 나를 조롱했다. 그때 나는 '설교쟁이'를 비롯해

차마 지면에 옮길 수 없는 몇 가지 별명을 얻었다.

내가 진리를 위해 분연히 일어섰다고 착각한 그 일 때문에 그들은 예수님에게서 더 멀어졌다. 오히려 그들에게 그리스도인들에 대한 부정적인 편견만 더 갖게 해 준 꼴이었다. 그들은 나를 '예수 광신도' 박스에 넣고 뚜껑을 봉인해 버렸다. 우리는 그 뒤로 다시는 인생이나 신앙에 관해 진지하게 대화하지 않았다.

내 문제점은 전체를 보는 시각이 부족한 것이었다. 나는 지저분한 언어와 타락한 삶이 그들의 가장 큰 문제라고 생각했다. 하지만 그들의 가장 큰 문제는 예수님을 모르는 것이었다. 종교적 가치를 강요한 탓에 나는 그들에게 더러운 삶을 깨끗하게 하고 죄를 용서하실 수 있는 유일한 분을 소개할 기회를 놓치고 말았다.

: 하나님이 금하신 것 vs 내 마음에 들지 않는 것

마지막으로, 다니엘은 지혜 덕분에 관용이 넘치는 사람이 되었다. 그는 유례없는 악과 부패를 참아 냈다. 다니엘은 성경적인 의미의 관용을 누구보다도 완벽히 실천한 사람이었다.

올바른 의미에서의 관용은 우리가 모두 갈고 닦아야 할 품성이다. 관용이 남들의 잘못을 봐준다는 의미라면 우리는 무엇보다도 관용의 사람이라고 알려져야 한다.

하지만 안타깝게도 오늘날 관용의 의미는 그런 게 아니다. 이제 관용은 남들의 잘못을 봐준다는 의미가 아니다. 오히려 잘못한 사람이 아무도 없다는 뜻으로 변질되었다. 감히 누군가의 행동이 도덕적으로 잘못되었다고 말하는 사람은 아량 없는 고집불통으로 취급받는다. 그리고 그 뒤로는 아무도 그를 참아 주지 않으니 그야말로 아이러니하다.

우리가 요즘 세상에는 교회에 대한 관용이 없다고 한탄하지만, 사실 이것은 우리를 탓할 수밖에 없다. 모든 것이 자업자득이다.

기독교가 사회를 주도하던 시절, 우리는 반대 목소리를 잠재우는 데 힘을 남용했다. 대학에서 불경건한 주장을 펴는 졸업식 강사를 초빙하기라도 하면 당장에 소란을 피우고 압력을 넣어 그 일을 취소하게 만들었다. 기독교 가치에 반하는 텔레비전 드라마에 광고가 나오는 물건은 사지 말라고 후원자들에게 압력을 넣기도 했다. 기업들이 기독교에 불리한 결정을 내리면 불매운동을 벌였다.

그 화살이 이제 우리에게 돌아오고 있다. 내가 이 글을 쓰고 있는 지금, 진행자의 복음주의적인 성향 때문에 텔레비전 프로그램 하나가 폐지됐다. 한 목사는 대통령 취임식에 기도자로 초청되었다가 성에 관한 성경의 명령을 공개적으로 가르친 전적 때문에 취소당했다. 전국적으로 점포를 가진 어느 회사는 동성애자에게 불리한 법안을 지지한 소유주 때문에 뭇매를 맞고 있다.

나는 기독교가 우리 사회를 지배할 때 다니엘과 같은 지혜를 발휘했더라면 상황이 어떻게 달라졌을까 하는 생각을 자주 한다. 우리가 성경적인 의미에서의 관용을 발휘했더라면? 우리가 반대자들의 입을 막으려고만 하지 않고 그들의 발언권을 허용했더라면? 어차피 진리가 이기는 것을….

물론 그렇게 해도 세상은 여전히 우리를 달가워하지 않을 것이다. 하지만 만약 그랬다면 적어도 우리가 이 시대의 죄와 문제들을 이야기할 때 세상이 지금처럼 강하게 반발하지는 않았을 것이다.

다니엘은 이런 실수를 저지르지 않았다. 먹이사슬의 밑바닥에 있든 최상단에 있든 상관없이 그는 자신의 의를 남들에게 강요하지 않았다. 다니엘은 이방인들을 이방인처럼 살게 놔두면서 경건한 삶을 본으로 보여 그들에게 선한 영향력을 끼쳤다. 때가 되어 그가 목소리를 높였을 때 사람들이 모두 귀를 기울인 것은 다니엘의 이런 모습 덕분이다.

진짜 싸움을 가릴 줄 아는 지혜는 다니엘이 바벨론에서 자신의 사명을 완수하고 많은 이방인에게 하나님을 전할 수 있었던 비결 중 하나다. 그는 자신이 절대 죄를 짓지 않는 대신 다른 이들의 작은 죄를 일일이 정죄하지 않았다. 그는 조금 불편하거나 기분이 나쁘다고 해서 당장 공격 자세를 취하는 속 좁은 사람이 아니었다.

다니엘은 자신의 마음에 들지 않는 것과 하나님이 금하신 것을 분별할 줄 알았다. 그래서 하나님이 금하신 것은 절대 하지 않았다.

2

세상에 오염될까

지나치게
겁내지 말라

■

내 목양실 벽에는 창 하나가 걸려 있다. 흔히 볼 수 있는 창은 아니다. 주술사의 창이다. 악마를 숭배하는 진짜 주술사가 준, 진짜 창이다. 몇 년 전 아마존 정글 깊숙이 들어가서 구해 온 것이다. 당시 이제 막 외부 세계와 접촉하게 된 작은 부족을 전도하는 두 선교사를 만나기 위해 그곳에 갔었다.

거기서 보낸 하룻밤은, 내 평생에 가장 비현실적인 순간이었다. 해가 지고 어둠이 깔리자 부족 추장과 주술사는 오두막에 들어가 직접 만든 환각제를 흡입했다. 이윽고 그들은 번갈아 가며 주문을 외우고 온 동네가 떠나가라 소리를 지르기 시작했다. 살면서 사악한 힘의 존재를 확실히 느꼈던 순간이 딱 두 번 있는데, 그때가 그중 하나였다. 그들의 주문과 외침에 피가 얼어붙을 정도로 한기를 느꼈다. 한참을 그렇게 떠들던 그들은 어느 순간 갑자기 입을 다물었다. 갑작스럽게 이어진 적막은 분위기를 더욱 기괴하게 만들었다.

이튿날 아침, 나는 주술사를 찾아가 통역관을 통해 의식에 썼던 창을 물물교환할 수 있느냐고 물었다. 주술사는 흔쾌히 허락했다. 그때 내가 뭘 줬는지는 잘 기억나지 않지만, 아무튼 그렇게 해서 그 창을 집으로 가져왔다.

창을 목양실 벽에 걸어 놓으니 꽤 근사했다. 그런데 친구들의 반응을 보니 내가 마치 악마를 데려온 것으로 생각하는 게 분명했다. 친구들은 벌린 입을 다물지 못했다. 어떻게 그토록 '사악한' 물건을 가져오는 것도 모자라 목양실에 걸기까지 할 수 있느냐고 난리였다. 그들은 내가 사탄에게 틈을 내주었다고 생각했다. 그들은 그 일로 나와 내 주변, 심지어 교회 안에서 온갖 끔찍한 일이 일어날 거라고 장담했다.

그들은 사탄의 힘과 영향력이 초등학교 교실의 이처럼 퍼져 나갈 수 있다고 생각하는 것 같았다. 내가 아무리 그냥 막대기일 뿐이라고 설명해도 그들은 들은 체도 하지 않았다. 내 안에 계신 이가 세상에 있는 자보다 크시다는 사실을 늘 기억하려고 그 창을 가져와 벽에 걸어 둔 것이라고 설명하자 순진한 생각이라고 말하는 친구들도 있었고 내 신학을 의심하는 친구들도 있었다(고전 10:13; 요일 4:4 참조).

하지만 정말 순진한 사람은 내가 아니라 내 친구들이다. 그들은 사탄을 너무 크게 보았다. 그들은 사탄의 악이 삼투압 현상처럼 쉽게 퍼져 나간다고 생각했다. 나는 그런 사람들을 "겁쟁이 그리스도인"이라고 부른다.

: 겁쟁이 기독교, 겁쟁이 그리스도인

겁쟁이 그리스도인들은 사탄이 거짓말쟁이요 거짓의 아비라는 사실을 망각하고 있다. 사탄은 입만 열면 거짓말을 하는 기만적인 존재다. 그런데도 겁쟁이 그리스도인들은 사탄의 허풍을 있는 그대로 믿는다(요 8:44 참조). 사탄은 항상 큰소리를 치지만 사실 하나님의 허락 없이는 우리의 털끝조차도 건드릴 수 없다. 사탄은 우리가 그의 거짓말을 믿을 때만 힘을 쓸 수 있다. 그 외에는 허수아비나 다름없다.

한때 사탄에게 속했던 것에 참여하거나 그 근처에 가거나 그것을 만진다고 해서 사탄이 우리 삶 속으로 들어오는 것은 아니다. 우리가 죄를 지어야 사탄이 우리 삶 속으로 들어올 수 있다. 악은 전염병 같은 게 아니다. 그것은 의식적인 선택이다. 따라서 부지불식간에 오염되지 않을까 걱정할 이유가 전혀 없다.

겁쟁이 그리스도인들은 다니엘이 절대 하지 않았던 두 가지 실수를 저지른다. 첫째, 그들은 성경의 명령에 추가로 규칙을 덧붙인다. 둘째, 그들은 영적으로 오염되었다고 판단하면 무조건 도망친다. 안타깝게도, 이 두 가지 행동은 모두 우리가 주변 세상에 침투해서 영향을 미치는 것을 방해한다. 이런 태도로는 다니엘과 같은 영향력을 발휘하는 게 불가능하다.

율법주의

율법주의는 성경의 명령에 추가로 규칙을 덧붙이는 것이다. 물론 더 큰 의로 나아가겠다는 의도는 좋다. 하지만 율법주의가 오히려 교만과 배척을 낳을 때가 더 많다는 것이 문제다. 또 율법주의는 비신자들 사이에 기독교가 이상한 종교라는 오해를 불러일으킬 수 있다. 전형적인 비신자들은 마치 관광객들이 아미쉬 공동체를 보듯이 율법주의자들을 바라본다. 관광객들은 아미쉬 공동체의 높은 수준의 헌신에 깊은 감명을 받고, 그곳의 음식을 즐기고, 전통 방식을 고수하는 가구를 좋아한다. 하지만 속으로는 아미쉬 사람들이 특이하다고 생각하며, 자신이 그들처럼 사는 건 불가능하다고 생각한다.

성경 외의 율법주의적 규칙은 모두 성경을 '바탕으로' 한다. 단지 성경 '속에' 없을 뿐이다. 그래서 율법주의자들과 언쟁해서 이기기는 참으로 어렵다. 율법주의자들은 모든 규칙마다 해당하는 성경 구절을 제시할 수 있다.

안식일에 더해진 율법주의적 규칙을 보자. 모세의 율법에 따르면 이스라엘 백성은 안식일에 일을 삼가야 한다. 그런데 랍비를 비롯한 종교 지도자들은 이 율법에 만족하지 않았다. 그들은 자신들이 하나님을 도와 일의 정확한 정의를 내려야 한다고 생각했다. 그래서 그들은 상세한 규정집을 만들었다. 그 규정집에 따르면 안식일에 가축을 도랑에서 건져 내는 것은 허용되지만, 치료하는 것은 일이므로 허용되지 않는다.

그리고 그들은 이 규정집을 바탕으로 안식일에 사람을 치유한 예수님께 앙심을 품었다. 그들의 관례대로라면 다음 날까지 기다리는 것이 옳았다. 율법주의자들은 규칙에 대한 열정이 지나쳐 인간에 대한 사랑을 잃어버리고 말았다. 율법주의가 들어오면 언제나 이런 일이 벌어진다.

새 신자일 때 이런 율법에 호되게 당했던 기억이 생생하다. 그 교회에서는 성경에서 시간을 허비하지 말고 지혜롭게 사용하라고 했으니 텔레비전을 보면 안 된다고 가르쳤다. 성경에서 술 취하지 말라고 했으니 맥주를 마시는 것도 안 되는 일이다. 성경에서 성적 타락에서 도망치라고 했으니 댄스파티에 가는 것도 안 된다. 내 몸은 성령의 전이기 때문에 항상 몸에 좋은 음식만 먹고 열심히 운동해야 한다(이 규칙들은 에베소서 5장 15-18절과 고린도전서 6장 18-20절을 바탕으로 했다).

그 교회에서는 이것이 모두 성경적인 규칙이라고 했지만 실제로 성경에 기록된 규칙은 하나도 없었다. 그리고 내게 그런 규칙을 강요했던 교인들은 예수님이 성경에 없는 인위적인 규칙을 비판하셨다는 사실을 전혀 모르는 것 같았다(마 15:2-9; 막 7:13 참조).

사도 바울도 성경에 없는 규칙을 예수님 못지않게 강하게 비판했다. 골로새 교인들에게 보낸 편지에서는 그런 규칙을 전혀 의를 낳지도 못하고, 육체의 욕심을 억제하지도 못하는 무용지물이라고 표현했다.

> 너희가 세상의 초등학문에서 그리스도와 함께 죽었거든 어찌하여 세상에 사는 것과 같이 규례에 순종하느냐 (곧 붙잡지도 말고 맛보지도 말고 만지지도 말라 하는 것이니 이 모든 것은 한때 쓰이고는 없어지리라) 사람의 명령과 가르침을 따르느냐 이런 것들은 자의적 숭배와 겸손과 몸을 괴롭게 하는 데는 지혜 있는 모양이나 오직 육체 따르는 것을 금하는 데는 조금도 유익이 없느니라(골 2:20-23).

하나님께는 우리의 도움 따위가 전혀 필요하지 않다. 하나님은 우리 마음대로 규칙을 추가하는 것을 원하지 않으신다. 하나님의 율법은 처음에 주신 그대로 완벽하다. 하나님이 실수로 몇 가지 규칙을 빼먹고 성경에 포함시키지 않았다며 하늘에서 자책하고 계실까? 그럴 일은 절대 없다. 하나님께는 편집자도 필요 없다. 우리 맘대로 그분의 말씀에 뭔가를 더하거나 빼는 것을 결코 기뻐하지 않으신다(잠 30:5-6 참조).

오염에 대한 과도한 두려움

겁쟁이 기독교의 또 다른 특징은 영적 오염에 대한 불필요하고도 비성경적인 두려움이다. 사탄이 더럽혔다면 구속하면 되는 것을, 겁쟁이 그리스도인들은 사탄과 조금이라도 연관이 있는 것은 무조건 멀리한다.

그렇다고 사탄을 우습게 여기라는 뜻은 아니다. 단지 사탄이 울부짖을 때마다 벌벌 떨고 사탄이 만진 것마다 멀리할 필요가 없다는 말이다. 우리는 마귀에게서 도망치는 게 아니라 맞서 싸우도록 부름받았다. 다시 말해, 도망칠 쪽은 우리가 아니라 마귀다(유 9-10; 약 4:7 참조).

다니엘은 이런 믿음이 있었기에 아무 거리낌 없이 바벨론의 언어와 문학을 공부할 수 있었다. 그는 그것들이 이방 문화에 뿌리를 두고 있다는 점에 전혀 개의치 않았다. 다니엘은 악의 한복판에서도 두려워하지 않았다. 하나님의 능력을 분명히 알았기 때문이다.

다니엘은 저명한 현자였기 때문에 벨을 비롯한 우상들을 숭배하기 위해 특별히 마련된 자리에 모습을 드러내지 않을 수가 없었다. 왕실에서의 역할로 볼 때 그는 꼭 참여해야 했다. 하지만 다니엘은 그런 상황을 심각하게 여겨 뭔가 조치를 취해야 한다고 생각하진 않은 것 같다.

반면 겁쟁이 그리스도인들은 세상을 사뭇 다른 시각으로 바라본다. 그들은 이방 문화에 뿌리를 두거나 불경건한 무리와 조금이라도 연관이 있는 것에 참여하면 악에 오염될 거라 두려워한다.

매년 전국을 뜨겁게 달구는 핼러윈을 생각해 보라. 내 지인 중 한 명은 매년 10월 31일 핼러윈 축제일이 되면 잔치를 연다. 그는 그 잔치를, 믿지 않는 이웃들과 어울릴 수 있는 좋은 기회로 본다. 실제로 동네 사람이 많이 찾아온다.

하지만 믿는 친구들은 그를 비난한다. 그는 그저 이웃들과 바비큐를 즐기는 것일 뿐인데 친구들은 그가 악의 무리와 모여 사탄을 숭배한다고 생각한다. 그의 친구들은 핼러윈이 이교도 문화에 뿌리를 두고 있다는 점을 지적한다(하지만 일부 학자들은 오히려 핼러윈이 옛 기독교 전통에서 비롯했다고 주장한다). 그들은 핼러윈이 사탄의 축제일이며, 호박에 눈, 코, 입을 뚫은 호박 초롱과 핼러윈 놀이가 사악한 과거의 잔재라고 믿는다.

그들은 내 지인(과 그의 자녀들)의 영적 상태를 진심으로 걱정한다. 그들은 악을 전염병으로 본다. 그래서 사탄 숭배자 몇 명과 어깨를 부딪치기만 해도 구원을 잃어버릴 수 있다고 생각한다. 나아가 그들은 한 번 악하면 영원히 악하고 악의 근처만 가도 악이 된다는 관념을 운동에서 아동 서적까지 삶의 모든 면에 똑같이 적용한다. 그래서 그들은 매사에 경계심으로 가득 차 있다.

하지만 그런 식이라면 그들이 소중히 여기는 것을 대부분 버려야 한다. 킹제임스 성경도 불태워 버려야 한다. 제임스 왕은 전혀 귀감이 될 만한 인물이 아니었다. 심지어 성탄절도 축하하지 말아야 한다. 우리가 성탄절로 지키는 날은 성경이나 옛 기독교 전통과 전혀 상관없기 때문이다. 성탄절은 오히려 동지점과 관련이 있다. 실제로 청교도들은 이교도 기원을 지나치게 걱정한 나머지 성탄절을 아예 금했다. 또 교회에 있는 파이프 오르간도 전부 떼어 내야 한다. 파이프 오르간의 기원도 꺼림칙하기 때문이다. 원래 파이프 오르간은 불경건한 연극에서 사용한 것이어서 사탄의 악기로 취급받았다. 실제로 마르틴 루터는 파이프 오르간을 교회 안으로 들였다가 맹비난을 받았다. 하지만 그는 사탄이 좋은 음악을 독차지하도록 놔둘 수 없었다.

겁쟁이 기독교는 있을 수 없는 현상이다. 겁쟁이 기독교는 하나님께 영광이 되지 않는다. 겁쟁이 기독교는 우리 안에 계신 이가 세상에 있는 자보다 크시다는 사실을 망각한 결과물이다(요일 4:4 참조).

3

누구도

다 알아서 가는 길이 아니다

■

타협 자체는 악이 아니다. 물론 악한 타협도 있지만, 모든 타협이 악은 아니라는 얘기다. 안타깝게도 타협이라고 하면 무조건 나쁘게만 보는 사람이 많다. 그들은 타협이 나약함과 불순종의 증거라고 말한다. 하지만 사실, 지혜로운 사람들도 타협을 한다. 그들은 당장 이겨야 할 전투가 무엇이고 나중에 싸워야 할 전투가 무엇인지 분간할 줄 안다.

다니엘도 무엇에 참여하고 무엇을 끝까지 거부할지를 놓고 수없이 고민했을 것이다. 하지만 솔직히 다니엘이 내린 결정이 모두 옳게만 보이지는 않는다. 어떤 경우에는 부적절한 타협처럼 보이기도 한다. 하지만 중요한 것은 하나님이 다니엘을 기뻐하셨다는 사실이다. 하나님은 다니엘의 마음을 아셨기에 그의 결정이 다소 부적절하더라도 그와 상관없이 축복하셨다.

바로 이것이 겁쟁이 기독교가 놓치고 있는 점이다. 겁쟁이 기독교의 하나님은 매사에 우리를 혼낼 이유만 찾는 심술궂은 신이다. 이것은 예수님이 우리를 위해 십자가에 못 박히셨다는 사실을 망각한 결과다. 하나님은 우리를 벌할 이유가 아니라 축복할 이유를 찾고 계신다. 하나님은 제사보다 긍휼을 원하신다(호 6:6; 마 9:13 참조).

두려움의 기독교를 믿는 사람은 인생의 힘든 결정 앞에서 실수하지 않을까 벌벌 떤다. 그래서 추가 규칙을 무수히 만들어 낸다. 실수로 발을 헛디디거나 타협하는 것으로도 가혹한 처벌을 받으니, 한 치도 실수하지 않도록 모든 경우에 규칙을 정해서 지키는 수밖에.

: 다니엘은 아는 것에 순종하려고 노력했다

하지만 아무리 애를 써도 우리에게는 맹점이 있기 마련이다. 성경의 핵심 명령들은 더없이 분명하지만, 미묘해서 이해하기 힘든 명령도 정말 많다. 성경이나 신학 문제에 대해 자신의 생각을 한 번도 바꿔 본 적이 없는 사람은 자신의 맹점을 한 번도 바로잡아 본 적이 없는 사람이다. 자신은 모르는 게 없이 완벽하기 때문에 고칠 점도 없고 새로 배워야 할 점도 없다고 생각하는 사람에게도 당연히 맹점은 있다.

우리가 가진 빛에 순종하면 하나님은 더 많은 빛을 주겠다고 약속하셨다. 성경은 의의 길을 아침 해에 비유한다. 아침 해가 막 떠오르는 새벽녘에는 많은 것을 볼 수 없다. 그러나 한낮에는 모든 것이 분명해진다(잠 4:18 참조). 그 전까지지는 우리의 지혜로 최대한 판단한 뒤에 하나님이 우리의 의도를 알아주시거나 우리가 놓치고 있는 점을 깨우쳐 주실 거라 믿어야 한다.

다니엘은 모르는 것은 걱정하지 않고 아는 것에 순종하려고 노력했다. 하나님이 분명히 말씀하신 상황에서는 그 말씀대로 했고, 덜 분명한 상황에서도 최선을 다해 보이는 길로 갔다. 다니엘은 우리가 어떤 길로 가든 하나님이 개의치 않으시는 상황도 있다는 점을 이해했다. 그런 상황에서 하나님이 눈여겨보시는 것은 우리가 무엇을 선택하느냐가 아니라 선택한 길을 어떻게 걸어가느냐다.

우상에게 바쳤던 고기

초대 교회 시절에는 이교도 제사장들이 신전에서 우상에게 바쳤던 고기를 먹어도 되느냐를 놓고 의견이 분분했다. 한 무리는 그 고기를 먹는 건 사악한 의식에 참여하는 것과 마찬가지라고 주장했다.

하지만 다른 무리는 신전의 우상은 인간이 만들어 낸 것일 뿐 아무런 힘도 없기 때문에 그 고기를 먹어도 괜찮다고 주장했다.

누가 옳은지 결론이 나지 않자 그들은 결국 사도 바울에게 편지를 썼다. 그런데 뜻밖에도 둘 다 옳다는 대답이 돌아왔다. 하나님은 그 문제에 대해 구체적으로 명령하신 적이 없었다. 따라서 각자 최선이라고 판단하는 대로 행동하고 다른 길을 걷는 사람에 대해서는 판단하지 않는 게 옳았다(롬 14:1-15:7 참조).

솔로몬의 맹점

자신도 모르는 사이에 그릇된 길로 가는 경우도 있다. 마음은 한 점 부끄러움이 없다 해도 행동에는 흠이 있는 것이다. 솔로몬도 그런 적이 있었다. 하나님께 애정과 헌신을 보이고 싶었던 그는 기브온에서 일천번제라는 어마어마한 규모의 제사를 드리기로 마음먹었다. 문제는 기브온이 높은 곳(사실, 높은 곳 중에서도 가장 유명한 곳)이었고 하나님이 높은 곳에서의 제사를 금하셨다는 것이다(민 33:52 참조).

이스라엘에서 높은 곳들은 본래 우상 숭배에 사용되던 곳이다. 그래서 이스라엘 백성은 약속의 땅에 들어가자마자 그곳을 다 허물어야 했다. 하지만 어떤 이유인지 그렇게 하지 않았고, 그 뒤로도 이스라엘 백성과 왕들은 계속 그곳에서 예배했다.

하나님의 명령은 더없이 분명했다. 기브온에서 하나님께 제사를 드려서는 절대 안 됐다. 하지만 하나님은 그곳에서 꿈을 통해 솔로몬을 만나 주셨고 무엇이든 원하는 대로 주겠노라 약속하셨다. 솔로몬이 백성을 이끌 지혜를 요청하자 하나님은 정말로 기뻐하시면서 그가 요구하지 않은 부와 장수, 적들에 대한 승리까지 덤으로 주셨다.

왜 하나님은 금단의 땅에 선 솔로몬에게 복을 주셨을까? 그것이 노골적인 불순종이 아니라 잘 모르고 저지른 실수였기 때문이다. 하나님은 의도하지 않은 죄가 아니라 솔로몬의 마음을 보셨다.

나로서는 얼마나 다행인지 모른다. 내가 잘하지 못할 때도 하나님은 내 마음을 보신다.

: 우리의 약점을 이해하시는 하나님

하나님은 우리의 맹점만이 아니라 우리의 약점도 이해해 주신다. 하나님은 우리에게 과한 요구를 하지 않으신다. 하나님은 너무 위험해서 타협할 수밖에 없는 상황도 있다는 것을 인정해 주신다. 달리 빠져나갈 구멍이 보이지 않을 때도 있다. 이 타락한 세상에서는 어쩔 수 없이 둘 중에서 덜 악한 쪽을 선택해야 하는 때도 있다.

두 산파와 한 기생

하나님은 항상 진실만을 말하라고 명령하셨다. 우리는 기면 기고 아니면 아니라고 말해야 한다. 하나님은 이 점을 꽤 분명하게 말씀하셨다. 하지만 바로가 사내아이가 태어나는 족족 죽이라고 명령했을 때, 히브리 산파들로서는 거짓말을 하는 수밖에 없었다. 그들은 유대 여인들이 너무 튼튼해서 자신들이 도착하기도 전에 출산했다고 거짓말을 했다(출 1:15-22 참조).

기생 라합의 경우도 비슷했다. 라합은 히브리 정탐꾼들을 숨긴 사실과 그들이 떠나간 방향에 대해 거짓말을 할 수밖에 없었다. 그렇지 않았다면 정탐꾼들은 죽임을 당했을 것이다. 그래서 라합은 그들이 이리로 갔는데 저리로 갔다고 거짓말을 했다(수 2:1-21; 약 1:25-26 참조).

하나님은 산파들에게는 자식의 복을 주셨고, 라합에게는 온 가족의 구원과 라합 자신이 예수님의 족보에 오르는 복을 주셨다. 하나님은 때로 우리가 그나마 덜 악한 쪽을 선택할 수밖에 없다는 것을 이해해 주시는 게 분명하다(출 1:21; 마 1:5 참조).

엘리사는 긍휼을 택했다

이번에는 이스라엘을 숱하게 괴롭힌 아람의 군대 사령관인 나아만에 관한 이상한 이야기다. 문둥병에 걸린 나아만은 일련의 이상한 사건을 통해 엘리사 선지자 앞에 이르게 되었다. 그러고 나서 그보다 더 이상한 상황을 통해 치료받았다. 그 결과 나아만은 이스라엘의 하나님을 믿는 신자가 되었다.

하지만 고국에 돌아갈 때가 다가오자 슬슬 걱정되기 시작했다. 나아만이 주군으로 섬기는 왕은 림몬이라는 우상을 숭배했다. 그런데 그는 왕의 군대를 맡고 있기 때문에 왕과 같이 신전에 들어가 절을 할 수밖에 없었다. 그래서 그는 엘리사에게 다음과 같은 청을 했다.

> 이제부터는 종이 번제물과 다른 희생제사를 여호와 외 다른 신에게는 드리지 아니하고 다만 여호와께 드리겠나이다 오직 한 가지 일이 있사오니 여호와께서 당신의 종을 용서하시기를 원하나이다 곧 내 주인께서 림몬의 신당에 들어가 거기서 경배하며 그가 내 손을 의지하시매 내가 림몬의 신당에서 몸을 굽히오니 내가 림몬의 신당에서 몸을 굽힐 때에 여호와께서 이 일에 대하여 당신의 종을 용서하시기를 원하나이다 하니 엘리사가 이르되 너는 평안히 가라 하니라(왕하 5:17-19).

엘리사가 정색할 거라 예상했는가? "그건 안 되오. 결단을 내리시오. 다른 신에게 절해서는 절대 안 되오."

아니다. 엘리사는 부드러운 얼굴로 나아만을 안심시켰다. "평안히 가라." 이는 주인이 시키면 림몬의 신전에서 절을 해도 좋다는 뜻이다. 엘리사는 제사보다 긍휼을 선택했다. 이것이 지혜다. 그리고 하나님이 우리에게 원하시는 것이다(호 6:6; 마 9:13 참조).

4

당장 이기고 지는 것보다

순종이
중요하다

■

나는 히브리서 11장을 늘 사랑했다. 이 장에는 '하나님의 명예의 전당'이란 부제를 붙이고 싶다. 이 장은 충성스러운 영웅들의 이야기로 가득해서, 노아와 아브라함, 요셉, 모세 같은 유명한 성경 위인들을 나열하면서 시작된다. 그런데 끝 무렵에서 갑자기 분위기가 바뀐다. 승리한 영웅들을 소개하던 기자는 갑자기 그리 잘 풀리지 않은 인생들에게 관심을 돌린다.

히브리서 기자는 하나님께 충성한 결과로 조소와 채찍질, 투옥을 당한 사람들에 관해 이야기한다. 돌에 맞고, 톱에 몸이 반 토막이 나고, 칼에 찔려 죽은 사람들을 소개한다. 평생 찢어지는 가난 속에 살거나 광야를 헤매거나 동굴에서 기거한 사람들을 상기시킨다.

그러다가 마지막에 충격적인 선언을 한다. "이 사람들은 다 믿음으로 말미암아 증거를 받았으나 약속된 것을 받지 못하였으니"(히 11:39). 다시 말해, 그들의 영적 승리는 이 땅에서가 아니라 천국에서 이루어졌다(히 11:35-39 참조).

다니엘처럼 이 땅에서 승리한 성도들의 이야기를 읽다 보면 우리도 그들처럼 하면 똑같은 복을 누릴 거라고 속단하기 쉽다. 하지만 그렇게 될 수도 있고 그렇게 되지 않을 수도 있다. 앞서 살폈듯이 모든 성경은 교훈과 바르게 함과 의로 교육하기 위해 주어진 것이다. 그런 의미에서 다니엘은 바벨론에서의 삶에 대한 본보기를 제시하지만, 그렇다고 해서 우리도 똑같은 결과를 얻을 것이라고 약속하지 않는다.

우리는 아브라함과 요셉, 모세, 다니엘처럼 이 땅에서 승리할 수도 있다. 반대로, 히브리서 11장 끝 무렵에 나열된 무명의 충성스러운 신자들처럼 핍박과 순교, 무시, 추방을 당할 수도 있다. 최종 결과는 오직 하나님께만 달려 있다. 그것은 우리가 어찌할 수 있는 문제가 아니다.

우리의 일은 전투에서 승리하는 게 아니라 하나님의 전투 계획을 따르는 것이다. 하나님의 계획을 따르다 보면 특별히 잘못한 것도 없는데 그분이 함께 계시지 않는 것처럼 느껴질 때도 있다. 하지만 다니엘처럼 하나님을 경외하고 지혜를 품은 자들에게 그건 전혀 중요한 문제가 아니다. 심지어 하나님의 길이 어리석은 길처럼 보일 때도 여전히 그 길은 옳다. 하나님은 언제나 옳으시다. 우리 눈에 틀려 보일 때조차도 하나님은 옳으시다. 그래서 그분을 하나님이라 부르는 것이다.

잠언 기자는 이 진리를 누구보다도 잘 알았다.

> 너는 마음을 다하여 여호와를 신뢰하고 네 명철을 의지하지 말라 너는 범사에 그를 인정하라 그리하면 네 길을 지도하시리라 스스로 지혜롭게 여기지 말지어다(잠 3:5-7).

이기고 지는 것은 중요한 문제가 아니다. 핵심은 순종이다. 결과와 상관없이, 옳은 일을 하는 사람이 충성스러운 종이다.

: '문화적 영향력'에 대한 집착을 내려놓으라

현대 교회가 영향력을 잃었다며 개탄하는 설교자들을 심심치 않게 볼 수 있다. 어떤 설교자들은 우리가 하나님 앞에 올바로 서면 부흥의 불길이 일어날 것이라고 말한다. 나도 그렇게 되길 원하지만,

사실 반드시 그렇게 되는 것은 아니다.

우리가 말하는 문화적 영향력은 교회가 소명대로 살고 있느냐보다 누가 정치권력의 중심에 있느냐와 더 관련이 있다. 그에 반해, 우리가 부흥이라고 부르는 특별한 임재는 우리의 노력보다 하나님의 주권적인 은혜와 더 관련이 있다.

하나님은 굽은 막대기로 직선을 그리신다. 늘 그렇게 하셨다. 막대기 덕이라고 공을 돌리는 것은 어리석은 짓이다.

로마 교회

우리는 신약의 교회를 영적 성숙과 능력의 모델로 여긴다. 하지만 초대 교회의 영향력이 세상 문화를 좌우하기까지는 몇백 년의 시간이 필요했다. 처음 3세기 동안 교회는 그저 핍박받는 소수 집단이었다. 이 사실을 망각해서는 안 된다. 우리는 몇십 년만 바라보며 생각하는 경향이 있다. 하지만 역사는 수십 년이 아니라 수백 년 단위로 움직인다. 우리가 실패로 여기는 게 하나님이 성공으로 여기시는 일의 기초가 될 수도 있다. 반대로, 우리가 성공으로 여기는 것이 나중에 돌아보면 전혀 성공이 아닐 수도 있다.

강하지만 충성스럽지는 못한 교회

초대 교회가 로마 황제의 기독교 개종으로 모진 박해 끝에 최후의 승자가 된 상황을 생각해 보라. 겉으로는 모든 것이 좋게만 보였다.

교회의 영향력이 마침내 티핑포인트(tipping point: 작은 변화들이 어느 정도 기간을 두고 쌓여, 이제 작은 변화가 하나만 더 일어나도 갑자기 큰 영향을 초래할 수 있는 상태가 된 단계 - 편집자)에 이르렀다. 콘스탄티누스가 그리스도인들에 대한 박해를 멈추고 기독교를 사실상 국교로 삼았다.

당시만 해도 위대한 승리처럼 보였다. 하지만 지금 와서 돌아보면 정치적, 문화적 권력을 손에 넣은 것이 오히려 큰 비극이었다. 도리어 이후 교회의 진정한 힘은 약해졌다. 교회가 권력의 중심부로 들어갈수록 더 많은 사람이 찾아왔지만, 그들은 대부분 예수님이 아니라 정치권력을 좇는 자들이었다. 다시 말해, 교회는 강력해질수록 하나님께 덜 충성스러워졌다.

미국 교회

이 원칙은 미국 교회의 역사를 통해서도 증명되었다. 역사 속에서 미국 교회의 영향력과 충성도는 반드시 비례하지 않았다.

예컨대, 1950-60년대는 생각만큼 좋기만 한 옛날이 아니었다. 물론 당시의 법과 문화 규범, 미디어는 오늘날에 비해 성경적 가치들을 꽤 채택하고 있었다. 하지만 로마 시대와 마찬가지로 강한 교회가 꼭 충성스러운 교회는 아니다. 교회가 강하면 그릇된 의도를 품은 사람들이 꼬이기 마련이다. 당시가 정말로 영적 전성기였다면 섹스와 자유연애, 마약에 중독되었던 히피족들을 어떻게 설명할 텐가.

예수님과 사도들

반면, 예수님과 사도들은 문화적 영향력이 거의 없었다. 물론 예수님은 구름 같은 군중을 몰고 다니셨다. 하지만 그분이 승천하실 때는 그 많던 무리가 다락방의 120명으로 크게 줄어들었다.

사도들은 또 어떠한가? 한 명만 빼고 모두 순교를 당했다. 문화를 지배한 것과는 거리가 먼 모습이다. 하지만 그들은 누구보다도 충성스러웠다.

세상이 경건한 삶에 반응할 때도 있고 그렇지 않을 때도 있다. 그것은 우리가 통제할 수 없는 부분이다. 이 부분에서도 우리는 다니엘에게 배워야 한다. 다니엘은 감옥에 갇히든 승진이 되든 상관없이 늘 충성스럽게 살았다.

: 어둠이 깊을수록 빛은 더욱 강하다

한편, 다니엘과 같은 그리스도인 한 명의 잠재적인 영향력을 절대 과소평가해서는 안 된다. 스스로 자신을 미미한 존재라고 보는가? 절대 그렇지 않다. 당신의 역할은 당신이 생각하는 것보다 훨씬 더 중요하다. 의인 열 사람만 있었다면 소돔과 고모라는 멸망하지 않았을 것이다. 모세가 하나님께 간청한 덕분에 하나님은 이스라엘에 대한 심판을 보류하셨다. 신자 한 사람 덕분에 온 가족이 구원받을 수 있다(창 18:20-33; 시 106:19-23; 고전 7:14 참조).

우리 하나님은 악인의 죽음을 결코 기뻐하시지 않는다. 하나님은 언제나 악인이 악한 길에서 돌아서기를 바라는 분이시다. 그래서 하나님은 언제나 그분의 심판을 경고할 사람을 찾으신다. 그 사람이 당신이나 내가 되지 말란 법이 있는가(겔 22:30-31; 33:11 참조).

마지막으로, 당신이 비추는 빛의 힘을 과소평가하지 말라. 세상에 영향을 미치기에는 자신의 빛이 너무 어둡다고 생각하는가? 절대 그렇지 않다.

나는 몇 년 전 가족 여행에서 이 교훈을 얻었다. 내 아내에게는 밀실 공포증이 있다. 심한 정도는 아니지만 누구나 알 수 있을 정도다. 그래서 우리가 칼즈배드동굴국립공원에 갔을 때, 나와 아이들이 아래로 내려가서 동굴을 탐험하는 동안 아내는 기념품 가게와 안내 센터에서 기다릴 거라 생각했다.

그런데 동굴로 내려가는 거대한 엘리베이터가 도착하자 뜻밖에도 아내가 같이 가겠다고 말했다. 아래에서 엘리베이터 문이 열리자 광활한 동굴이 위용을 드러냈다. 그 순간 아내의 두려움은 눈 녹듯이 녹아내렸다. 심지어 아내는 우리와 함께 동굴 속을 탐험하겠다고 말했다.

표를 사기 위해 줄을 서서 기다리는데 여행을 마치고 돌아온 관광객 중 한 명이 우리 옆을 지나가며 말했다. "불이 꺼졌을 때가 가장 좋았어!"

'저런! 아내가 들었을까? 이제 어떻게 해야 하지? 아내에게 들은 내용을 말해야 할까? 그냥 무시하고 추억을 만든 다음 나중에 용서를 구할까?'

말할까 말까 고민하고 있는데 내 고민이 알아서 해결되었다. 아내는 그 관광객의 말을 듣고는 나에게 이렇게 물었다. "방금 저 사람이 불이 꺼졌다고 했죠?"

"맞아요. 하지만 그래 봐야 몇 초예요."

"정말이죠?"

"그럼요. 내 말을 믿어요. 내가 이래 봬도 명색이 목사잖소."

그래서 아내는 내 말을 믿고 동굴 탐험을 시작했다. 멋진 경험이었다. 거의 마지막 순간까지는 그랬다.

탐험이 끝날 무렵, 가이드는 우리에게 모두 자리에 앉으라고 말했다. 그러고 나서 동굴탐험가나 헤쳐 나갈 수 있는 암흑에 관해 설명하기 시작했다. 빛의 흔적조차 없는 어둠. 아무것도 볼 수 없는 칠흑 같은 어둠. 누군가가 눈앞에서 손을 흔들어도 전혀 눈치챌 수 없는 어둠.

설명이 끝나자 가이드는 그 암흑을 체험하게 해 주겠다며 통로를 밝히던 전구의 전기 코드를 뽑았다. 약 5초 뒤, 나는 암흑 체험이 '몇 초'로 끝나지 않을 것을 직감했다.

안절부절못하며 아내에게 어떻게 사과할지 고민하고 있는데, 갑자기 팔에 극심한 통증이 느껴졌다. 나는 박쥐에게 물린 것이라고 생각했다. 그런데 그 박쥐가 말을 했다.

"다시는 당신을 믿지 않을 거예요!"

아내가 내 팔을 또다시 꼬집는 순간, 머릿속에서 형광등이 반짝했다. 우리 첫째 아이가 새로 산 시계를 차고 있다는 사실이 떠오른 것이다. 사실, 그 시계는 구식 모델이라 불빛이 희미했다. 밤에 시간을 보려고 버튼을 눌러도 전등이 없으면 무용지물일 정도였다.

하지만 그 순간만큼은 아들의 시계가 내 유일한 희망이었다. 나는 아들에게 시계 버튼을 누르라고 했다. 아들이 버튼을 누르자 그 즉시 바닥과 우리의 발을 볼 수 있었다. 마침내 박쥐가 내게서 떨어졌고, 우리 가정도 위기를 면했다. 그리고 나는 중요한 교훈을 얻었다.

두 가지 교훈이었다. 첫 번째 교훈은 다시는 아내를 속여 밀실 비슷한 곳에도 데려가선 안 된다는 것이었다. 두 번째 교훈은 어둠이 심할수록 작은 빛이 더 큰 위력을 발휘한다는 것이었다. 밤하늘의 별빛 아래서는 버튼을 눌러도 시간을 확인할 수 없는, 우리 아들의 허접한 시계가 동굴의 절대적인 어둠 속에서는 환한 빛을 발했다.

우리도 마찬가지다.

어둠이 깊을수록 우리의 작은 빛은 더욱 강하게 빛난다.

당신은 하찮은 사람이라는 거짓말에 속지 말라. 당신은 중요한 존재다. 당신이 일터나 지역사회, 가족, 국가의 악에 맞서 봐야 전혀 소용없다는 거짓말에 속지 말라. 당신은 얼마든지 세상을 변화시킬 수 있다.

올바른 버튼을 누르기만 하면 된다. 그 버튼은 바로 소망과 겸손, 지혜라는 이름의 버튼이다. 수천 년 전에 다니엘은 그 버튼을 눌렀다. 지금 하나님은 우리에게도 그 버튼을 누르라고 말씀하신다. 그것이 다니엘이 바벨론에서 번영할 수 있었던 비결이다. 또한 그것이 우리가 이 현대의 바벨론에서 단순한 생존을 넘어 시냇가에 심은 나무처럼 푸른 잎사귀를 내고 무성하게 삶을 꽃피울 수 있는 비결이다.

주

PART 2

1

1. Craig S. Keener, *The Gospel of Matthew: A Socio-Rhetorical Commentary* (Grand Rapids, MI: Eerdmans, 2009), 386-87.

PART 3

2

1. 다니엘은 에스겔과 예레미야와 동시대를 산 인물이었다. 그들은 모두 하나님 백성의 회복을 예언했다. 다니엘은 적들이 멸망하고 하나님 나라가 도래하는 꿈과 환상도 보았다(겔 34:27-31; 렘 25:8-12; 29:8-10; 단 2, 9장 참조).

4

1. "Minor Bug Problems Arise," *BBC News*, 2000년 1월 1일, http://news.bbc.co.uk/2/hi/science/nature/586620.stm.

5

1. "Religion: Counting Souls," *Time*, 1976년 10월 4일, http://content.time.com/time/magazine/article/0,9171,918414,00.html.
2. 딤전 3:15 참조. '교회'에 해당하는 헬라어는 문자적으로 '모임'을 뜻한다. 따라서 교회는 사람들이 모이는 건물이 아니라 모인 사람들을 지칭한다.

PART 4

3 ———

1. 이 주제에 관해 더 알고 싶다면 내 책 *Mission Creep: The Five Subtle Shifts That Sabotage Evangelism and Discipleship*(기어가는 선교)(Owl's Nest, 2014)를 보라.

PART 5

1 ———

1. 이 인용문에는 여러 버전이 있다. 이 버전은 Wholesome Words의 "Quotes and Notes"에서 찾은 것이다. www.wholesomewords.org/devotion1.html.